CW01664459

Daleko

SERIA ORIENT EXPRESS

Paul Theroux, *Pociąg widmo do Gwiazdy Wschodu. Szlakiem „Wielkiego bazaru kolejowego”*

Colin Thubron, *Po Syberii*

Ted Conover, *Szlaki człowieka. Podróże drogami świata*

Colin Thubron, *Utracone serce Azji*

Hugh Thomson, *Tequila Oil, czyli jak się zgubić w Meksyku*

Paul Theroux, *Safari mrocznej gwiazdy. Lądem z Kairu do Kapsztadu*

Wolfgang Büscher, *Hartland. Pieszo przez Amerykę*

Colin Thubron, *Cień Jedwabnego Szlaku*

Rory Stewart, *Między miejscami. Z psem przez Afganistan*

Colin Thubron, *Góra w Tybecie. Pielgrzymka na święty szczyt*

Tony Anderson, *Chleb i proch. Wędrówka przez góry Gruzji*

John Gimlette, *Teatr ryb. Podróże po Nowej Fundlandii i Labradorze*

Hugh Thomson, *Biała Skała. W głąb krainy Inków*

Colin Thubron, *Za murem. Podróż po Chinach*

Paul Theroux, *Jechałem Żelaznym Kogutem. Pociągiem przez Chiny*

Paul Theroux, *Ostatni pociąg do* zona verde. *Lądem z Kapsztadu do Angoli*

Paul Theroux, *Wielki bazar kolejowy. Pociągiem przez Azję* (wyd. 2)

Paul Theroux, *Stary Ekspres Patagoński. Pociągiem przez Ameryki* (wyd. 2)

Paul Theroux, *Szczęśliwe wyspy Oceanii. Wiosłując przez Pacyfik*

John Gimlette, *Dzikie Wybrzeże. Podróż skrajem Ameryki Południowej* (wyd. 2)

Magdalena Gołębiowska

Daleko

Buddyjskie Królestwo Mustangu

wydawnictwo czarne

Wołowiec 2019

Projekt okładki Agnieszka Pasierska / Pracownia Papierówka
Projekt typograficzny Robert Oleś / d2d.pl
Fotografia na okładce © by Magdalena Gołębiowska
Fotografie wewnątrz tomu: Magdalena Gołębiowska – s. 60–61, 84–85, 102–103, 142–143, 154–155, 174–175, 182–183, 192–193; Andrzej Śmiałek – s. 8–9, 22–23, 38–39, 118–119, 128–129

Opieka redakcyjna Jakub Bożek
Redakcja Ewa Polańska
Konsultacja merytoryczna Sylwia Gil
Korekta d2d.pl
Redakcja techniczna i skład pismem ITC Charter Robert Oleś / d2d.pl

Książkę wydrukowano na papierze Ecco-Book Cream 80 g/m², vol. 1,6, dystrybuowanym przez firmę Antalis Sp. z o.o.

ISBN 978-83-8049-812-9

Dla A.
za pierwszy wyjazd do Mustangu

Królestwo Mustangu

Lo Gekar

Ta historia mogłaby się rozpocząć od opisu, jak stroma ścieżka wiła się ostro pod górę ku wysokiej przełęczy, jak wzrok na darmo wypatrywał szczegółu w morzu postrzępionych, ziemistoczerwonych skał o najdziwniejszych kształtach. Albo od tego, że przejrzystość powietrza przesuwała horyzont dalej, niż sięga mapa. Lepiej jednak, jeśli opowieść o starym tybetańskim królestwie zacznie się od legendy. Tylko wtedy dowiemy się, że czerwony kolor tamtejszych skał to krew potężnego demona, który zanim został zwyciężony, długo i bezkarnie panoszył się na Wyżynie Tybetańskiej, udaremniając wszelkie wysiłki wyłonienia tych ziem z osnutego mrokiem tajemnic dziejowego niebytu. Ich ostre granie to wnętrzności monstrum, które spadły na ziemię po tym, jak heroiczny bohater obdarzony wyjątkową mocą stoczył z nim walkę, długi na kilkadziesiąt metrów mur modlitewny to jelita pokonanego, a najstarsza w okolicy świątynia stoi tam, gdzie spadło jego serce.

Triumfalna walka z demonem rozegrała się na południowo-zachodnich krańcach Wyżyny Tybetańskiej, w rozległej dolinie Kaligandaki*, która wówczas była częścią pierwszego tybetańskiego

* Nazwy tybetańskie podano w uproszczonej spolszczonej pisowni fonetycznej, utworzonej na podstawie transkrypcji angielskiej, z wyjątkiem słów, których pisownia przyjęła się już w języku polskim w innej formie. Wyrazy sanskryckie zapisano zgodnie z zasadami transkrypcji polskiej,

imperium, a dziś należy do Nepalu i jest nazywana Mustang. Jej mieszkańcy wierzą, że dzięki temu zwycięstwu tereny, na których przed wiekami osiedlili się ich przodkowie przybywający z północnych rubieży Wyżyny, mogły się stać ziemią świętą. Najpierw jednak walczący z demonem musiał udowodnić swoją nadludzką siłę, rozrzucając jego szczątki między ośnieżone szczyty, wśród kanionów i traw, na tyle daleko od siebie, by utraciły złowrogą moc. Pokonane monstrum zasługiwało na taką karę. Usilnie i zbyt długo próbowało udaremnić zamiary pierwszych królów Tybetu, ambitnych władców z doliny Jarlungu, za których panowania niezależne księstwa leżące w różnych częściach Wyżyny Tybetańskiej stały się wreszcie jednym państwem. W VII wieku najpierw Songcen Gampo, a później jego następca Tri Songdecen postanowili skłonić swoich poddanych do porzucenia szamańskiej religii bon i przejścia na oświecony buddyzm. Demon jednak co rusz niszczył pałace, burzył fundamenty wznoszonych świątyń, zsyłał na Tybet choroby, głód i susze na zmianę z burzami gradowymi. Zdesperowany Tri Songdecen zaprosił nawet do Tybetu Śantarakszitę, sławnego bramina i filozofa z Indii, który miał pomóc w rozpowszechnianiu nowej religii. I on jednak wobec wrogich mocy okazał się bezradny. To, co w dzień wybudowano w Samje, miejscu, gdzie stanąć miał pierwszy buddyjski klasztor, bezkarne demony niszczyły w nocy, przez co buddyzm przestał się cieszyć popularnością wśród królewskich doradców i ministrów. W końcu Śantarakszita zaproponował swojemu religijnemu pryncypałowi, by zaprosić Padmasambhawę, po tybetańsku Guru Rinpoczego, zrodzonego z lotosu najpotężniejszego z żyjących adeptów buddyzmu, przez wielu uważanego za drugiego Buddę. Wiele jest legend opisujących wielkie czyny Padmasambhawy. Posiadał moc jasnowidzenia i jeśli tylko tego pragnął, potrafił zamienić piasek w złoto, rozłupywać twarde skały

w której spółgłoski między innymi palatalne pisane są jako „ś", „ć", „dź". Nazwy geograficzne zapisano według zaleceń Komisji Standaryzacji Nazw Geograficznych. Nazwy własne hoteli i innych współczesnych instytucji, w których występują słowa sanskryckie, pozostawiono w transkrypcji angielskiej, podobnie tybetańskich imion osób znanych Autorce (przyp. red.).

drewnianymi nożami i latać na promieniach słońca. Dzięki swojemu oświeceniu był gotów stanąć do walki z demonem. Ścigał go przez Wyżynę Tybetańską w stronę głównej grani Himalajów. W końcu dopadł go i pokonał, a szczątki rozrzucił w dolinie Kaligandaki. Następnie, jak głosi legenda, Padmasambhawa połączył ze sobą Ziemię, Układ Słoneczny oraz wszechświat, odtańczył na niebie groźny taniec wadźry i śpiewając pieśń miażdżącą wszystkie nieposłuszne istoty, podporządkował sobie duchy Tybetu.

Wydawało się, że nauki Buddy, zwane przez jego wyznawców światłem dharmy, zostały ugruntowane, a później nie będzie już niczego poza radością i pokojem. Tym bardziej że Padmasambhawa nie poprzestał na walce z demonem. On i jego partnerka Jesze Cogjel (co po tybetańsku znaczy „Jezioro Wiedzy") przemierzali Tybet, udzielając po drodze błogosławieństw i inicjacji, upowszechniając naukę tantr i wskrzeszając umarłych. Zostawiali na skałach odbicia swoich dłoni i stóp, a przede wszystkim *terma*, sekretne księgi z tekstami, których moc miała sprawić, że to, czego nauczali Guru Rinpocze i jego duchowa spadkobierczyni Jesze Cogjel, nie zostanie rozproszone ani całkiem zapomniane. Pokryte symbolicznym pismem pożółkłe zwoje poukrywano w ścianach skalnych i w jaskiniach rozrzuconych po całym Wielkim Tybecie, a odkryć je miały prawo jedynie istoty będące inkarnacją uczniów Padmasambhawy i tylko pod warunkiem, że ich treść naprawdę będzie pożyteczna.

Po raz pierwszy stało się tak sześć stuleci później, na początku drugiej połowy XIV wieku, gdy Tybet pogrążył się w anarchii i wojnach domowych. Wędrowny lama po wielu latach medytacji doświadczył wizji, która doprowadziła go do podziemnego schowka z pierwszym zwojem zawierającym wskazówki, jak dotrzeć do ukrytych sanktuariów wiecznej szczęśliwości. W tym i później odkrywanych tekstach zaszyfrowano opis odległych himalajskich dolin, gdzie rośliny i zwierzęta obdarzone są cudowną mocą i gdzie szybko można osiągnąć oświecenie, kontemplując istotę buddyjskich tantr. Tak narodził się mit *bejul*, ukrytych krain będących ziemskim rajem, do których nie sposób dotrzeć bez ogromnych wyrzeczeń. Te sekretne miejsca nie mają służyć ucieczce od świata, tylko raczej pomóc jeszcze bardziej się w niego zagłębić. Dzięki swoim nieodłącznym atrybutom pozwalają odkryć powiązania wszechrzeczy i zyskać pełniejszą świadomość ducha i umysłu.

Trudno jednoznacznie powiedzieć, gdzie i jak szukać mitycznych królestw opisanych w pożółkłych zwojach. Miejsca te istnieją bowiem zarówno tu, na ziemi, jak i poza nią, a droga prowadząca do nich może okazać się naprawdę niezwykła. Jeśli ktoś świadomie postanowi spróbować je odnaleźć, musi się liczyć z tym, że cel okaże się nieosiągalny lub cena za jego zdobycie będzie zbyt wysoka. Możliwe jest także, że trafi się do nich przypadkiem, będąc zupełnie nieprzygotowanym na doświadczenie ich niezwykłej siły.

W bestsellerowej powieści Jamesa Hiltona *Zaginiony horyzont* z 1933 roku niewielki samolot, którym podróżowali bohaterowie, zostaje najpierw porwany, a następnie zmuszony do awaryjnego lądowania wśród dziewiczych szczytów, w pobliżu starej świątyni na zboczu stromej góry. Amerykański biznesmen, misjonarka i dwóch urzędników brytyjskiej służby konsularnej tak właśnie trafiają do miejsca, do którego w normalnych okolicznościach nigdy nie zdołaliby dotrzeć. Nie tylko dlatego że samo położenie świątyni sprawia, że wydaje się ona niemal niedostępna, a prowadząca do niej ścieżka jest zbyt eksponowana, by mogli pokonać ją bez odpowiedniego sprzętu i asekuracji. Również dlatego że świat, w którym przypadkiem się znaleźli, wbrew pozorom nie robił wrażenia świata rzeczywistego, do końca oswojonego. Panujący w nim ustrój wydawał się za dobry, zbyt doskonały w porównaniu z tym, w jakim bohaterowie na co dzień funkcjonowali, podobnie jak zbyt idealne zdawały się obowiązujące w nim wzorce człowieczeństwa.

Zaginiony horyzont to powieść utopijna. W odosobnionym klasztorze bohaterowie nic nie musieli, mogli natomiast dążyć do absolutnej harmonii i realizować wszelkie życiowe aspiracje. Czas przestał istnieć, zniknął więc pośpiech, tworząc nieograniczoną materialnymi przeszkodami przestrzeń dla duchowej kontemplacji. Mimo to rzeczywistość, w której nagle znaleźli się rozbitkowie, w każdym z nich wywołała różne reakcje – od spodziewanej przez nas fascynacji i ukojenia po niepokój i natychmiastową chęć ucieczki. Sprzeczny odbiór zastanej przez bohaterów powieści sytuacji nie zmienił jednak tego, że mit o ukrytych tybetańskich krainach, przez stulecia znany jedynie najwyższym lamom, a dopiero od początku XX wieku być może również zafascynowanym Tybetem badaczom, za sprawą historii wymyślonej przez Hiltona przedostał się do masowej świadomości. Książka sprzedała się w milionach egzemplarzy, długo zajmując pierwsze miejsce na liście bestselerów literatury anglojęzycznej, po II wojnie światowej doczekała się wielu wznowień, a także dwóch ekranizacji, z których pierwsza została nagrodzona dwoma Oscarami.

To prawda, że Hilton trafił do czytelników doświadczonych dramatem I wojny światowej, którzy, jak główny bohater *Zaginionego horyzontu* Hugh Conway, poszukując źródeł uduchowienia, tak naprawdę szukali sposobu na oderwanie się od bolesnej rzeczywistości, a może nawet ucieczki od tego, co ma nadejść i co może się okazać jeszcze bardziej tragiczne. Nade wszystko sprzyjała mu jednak „moda na Tybet", na duchowość lamów, nieprzeniknioną mądrość Wschodu. Dlatego nazwa miejsca, w którym rozgrywa się powieść, na zawsze wkradła się do współczesnego języka jako symbol ziemskiego raju. Dodając do tybetańskich „*ri*" (góra) i „*la*" (przełęcz) człon „*Szang*", Hilton chciał zapewne, by wymyślona przez niego nazwa budziła skojarzenie z Śambhalą, mityczną krainą szczęśliwości opisaną w jednym ze zwojów Padmasambhawy. Szangri-La (po angielsku Shangri-La) stało się synonimem idealistycznych wyobrażeń na temat miejsc „gdzieś daleko", „za siedmioma górami", najbardziej tybetańskim ze wszystkich angielskich słów, którego urokowi uległ nawet Franklin Delano Roosevelt, tak właśnie nazywając swoją letnią rezydencję w Maryland, znaną dziś jako ośrodek wypoczynkowy amerykańskiej administracji Camp David.

Pielgrzymi wędrujący do tych dzikich i odległych miejsc często dzielili się wspomnieniami niezwykłych doświadczeń, podobnych do przygód buddyjskich praktyków duchowych podążających ścieżką do wyzwolenia, a każde takie wspomnienie utrwalało mit o ukrytym raju na ziemi. Tym bardziej że, jeśli wierzyć w to, co pisze Ian Baker, znawca buddyzmu tybetańskiego i poszukiwacz ukrytych krain, manuskrypty obrazujące *bejul* napisane są niejasnym, „mrocznym" językiem, czytelnym wyłącznie dla uczonych lamów, a większość tekstów, na które Baker natrafił, przetrząsając biblioteki klasztorów w Katmandu, liczne kolekcje prywatne oraz Bibliotekę Dzieł i Archiwów Tybetańskich w Dharamsali, nie zawiera informacji geograficznych precyzyjniejszych od wskazówki: „Idź za językiem smoka w kierunku końskiego siodła, aż zobaczysz przed sobą górę podobną do wzdętej spódnicy królowej”[1].

Teksty te najczęściej zaczynały się od apokaliptycznych wizji wojen i zniszczenia, po czym przechodziły do „informacji turystycznych” dotyczących zewnętrznego, wewnętrznego i tajnego wymiaru odizolowanych zakątków Himalajów, gdzie „oczy zobaczą, a uszy usłyszą to, do czego nie ma gdzie indziej dostępu”. Pielgrzymujący do takich miejsc mieli rozwijać i utrwalać w sobie buddyjskie cnoty mądrości i współczucia oraz uczyć się tego, by postrzegać rzeczywistość inaczej niż zwykle. Mijane po drodze wodospady, urwiska oraz inne naturalne elementy krajobrazu powinny pomagać im w przejściu na wyższy poziom percepcji, każdy z tych elementów sprzyja bowiem innego rodzaju praktykom. Wodospady pobudzają do kontemplacji przemijania, ciemne i postrzępione urwiska nadają się zwłaszcza do medytacji nad gniewnymi bóstwami, a pofałdowane wzgórza i ukwiecone łąki skłaniają do skupienia na tych łagodnych.

Hilton nie napisał, gdzie dokładnie znajduje się góra Karakal (Błękitny Księżyc), na której zboczach stał klasztor Szangri-La. Baker także nie wiedział, jak trafić do „krainy w kształcie lotosu” ukrytej za mitycznymi wodospadami Brahmaputry, po tybetańsku nazywanej Cangpo, na darmo poszukiwanych przed II wojną światową przez angielskich geografów penetrujących pogranicze imperium brytyjskiego. Zanim wyruszył na pierwszą wyprawę, spędził kilkanaście miesięcy w rejonie nazywanym Lotosowe Pole, gdzie medytując, próbował zgłębić tajemnicę *bejul*. Wiedział także, że miejsce, do którego chciał dotrzeć, to najniezwyklejsza ze wszystkich ukrytych we wschodnim Tybecie dolin, którą Padmasambhawa określił radosnym Królestwem Buddy, „[…] wszystkie drzewa pachną tam akaru, drzewem sandałowym i jaśminem. Szafran pleni się jak trawa. Kukurydza, jęczmień i ryż rosną dziko, miód występuje w obfitości. Zwierzęta są niewyczerpanym źródłem mleka. Rzeki płyną amrytą, mlecznobiałym nektarem nieśmiertelności, z którego wystarczy się napić, by nie poczuć już więcej pragnienia. Wszystkie owoce mają własności lecznicze. Wszyscy są szczęśliwi i beztroscy. Starcy przemieniają się w młodzieńców. Deszcz kwiatów wypełnia powietrze przecudną wonią, wszędzie rozpościerają się tęcze [...]. Każdy, kto dotrze w to miejsce, osiągnie stan Buddy, nawet bez medytacji"[2].

Narażając siebie i swoich towarzyszy na wszystkie możliwe niebezpieczeństwa wyprawy w nieznane, Baker kilkakrotnie eksplorował dziewiczą dolinę Brahmaputry i porośnięte dziką dżunglą góry. Starał się podążać za wskazówkami znalezionymi w studiowanych przez siebie tekstach. Cóż z tego jednak, że potrafił je odczytać, jeśli nie zawsze wiedział, jak interpretować zawartą w nich literacką mapę. Według niej rzeka płynąca na tym odcinku olbrzymim wąwozem nie miała odnóg, które Baker i jego towarzysze mogliby policzyć i dzięki temu ustalić swoje położenie. W opisie nie zostały także uwzględnione wierzchołki górujące nad jej korytem. Zamiast takich pożytecznych informacji tekst utożsamiał bieg Brahmaputry z ciałem tantrycznej bogini Dordzie Pagmo, matki wszystkich Buddów. Szczyt, który wznosił się nad jedną z wiosek, miał być jej głową, a pobliski masyw „niczym lotos o ośmiu płatkach" tworzyć „wydatne piersi bogini". W gąszczu lasów i wzgórz na południe od głowy kryć się miały jej łono oraz serce i to tam właśnie należało szukać roślin o cudownych, uzdrowieńczych właściwościach. Natomiast by trafić do mitycznych, poszukiwanych od stuleci wodospadów, należało dostać się do jej gardła. Baker, uparcie szukając drogi do celu, za każdym razem poruszał się równolegle w dwóch obszarach rzeczywistości – tej opisanej w starych manuskryptach i tej realnej, namacalnej, zbudowanej z kruchych skał, podstępnych bagien, stromych ścieżek prowadzących w nieznane. W końcu za trzecim razem mu się udało. Doszedł do wodospadu w głębi jaru i niczym David Livingstone nad Wodospadami Wiktorii odkrył zapierający dech w piersiach spektakl światła i fal, pojmując równocześnie, że w kategoriach buddyjskich widok ten otwierał umysłowi drogę do ukrytych dziedzin, przekraczających ramy racjonalnego rozumu.

Nigdy nie zapomnę miejsca, w którym Padmasambhawa pokonał demona. Dotarliśmy tam bardzo wczesnym rankiem, idąc przez oszronione pola poprzecinane na wpół zamarzniętymi strumykami. Gdzieniegdzie w porannym słońcu błyszczały białe zwierzęce czaszki. Bezkres poszerzał się z każdym krokiem. Nad nami niewzruszenie piętrzyły się ośnieżone szczyty. Tak jakby nigdy nie wiał wiatr, nigdy nie było zamieci, w dzień zawsze świeciło ostre słońce, a w każdą noc niebo pokrywało się niezliczoną ilością gwiazd. Chłód poranka ustępował, wokół panowała cisza. Nie było nikogo. Tylko my. Nie czułam, że jestem na turystycznym szlaku prowadzącym mnie do najstarszego zabytku w całej dolinie. Czułam jedynie, że idę, a ślad, który zostawiam, natychmiast z powrotem zamienia się w pustą przestrzeń.

Dopiero kiedy z oddali zaczął wyłaniać się klasztor otoczony stu ośmioma czortenami, zbudowanymi z gliny buddyjskimi odpowiednikami naszych kapliczek, które niczym *phurba*, magiczne sztylety, zapewne miały dodatkowo ochraniać świątynię przed złymi mocami, powoli dotarło do mnie, że zbliżam się do miejsca, gdzie właściwie zaczęła się cała historia ziem przez wieki pogrążonych w dziejowym niebycie. Dobro zwyciężyło, demon został ujarzmiony i dziś, trzynaście stuleci po tej mitycznej walce, możemy znaleźć się przed budowlą, która od VIII wieku stoi nieprzerwanie tam, gdzie miało spocząć serce pokonanego, oddzielona od reszty świata z jednej strony najwyższymi górami, a z drugiej bezkresem Wyżyny Tybetańskiej. Odczucie namacalnej pustki wokół niej, jej wzruszająco skromny wygląd zewnętrzny i zaskakujące bogactwo wewnątrz potęgowały wrażenie zdziwienia. Jak to możliwe, że tak bardzo z dala od wszystkiego wciąż materialnie istnieje coś, co zrodziło się z mitów?

Podobno Padmasambhawa sam zbudował swój posąg stojący w głównym pomieszczeniu świątyni strzeżonej przez Czterech Niebiańskich Królów patrzących każdy w inną stronę świata. Gliniane ściany pokryte są niedawno odrestaurowanymi malowidłami przedstawiającymi sceny z jego barwnego życia i dziesiątkami łupkowych tabliczek z polichromowanymi, misternie rzeźbionymi wizerunkami licznych buddyjskich bóstw, dakiń, buddyjskich bogiń i ich strażników. To nic, że pochodzą z późniejszego okresu. I tak są świadectwem trwania historii tego miejsca, ciągłym odbiciem wewnętrznych wizji buddyjskich mistrzów medytacji. Światło maślanych lampek zapalanych przez pielgrzymów oświetla je tak samo jak przed wiekami, wciąż nadając im nowe życie. Przemijanie przestaje mieć znaczenie, nawet jeśli stan oświecenia pozostaje nieosiągalny.

Jest kilka dróg, którymi można dotrzeć do klasztoru Lo Gekar, inaczej nazywanego Ghar Gompą, ale każda z nich jest tak samo trudna. Ścieżki dawnego szlaku solnego łączącego Tybet z Indiami kilometrami wiją się po zboczach, po czym opadają ku dolinom tylko po to, by z powrotem piąć się ku górze. Od północnego wschodu przechodzą przez surową Wyżynę Tybetańską między bezimiennymi szczytami pięciotysięczników. Od południowego zachodu, zanim doprowadzą pielgrzyma do śródgórskiego płaskowyżu, gdzie Padmasambhawa walczył z demonem, pną się ku głównej grani Himalajów przez porośnięte dżunglą góry, między rwącymi strumieniami i mniejszymi rzekami, aż do przełomu potężnej Kaligandaki. Jak z opowieści o *bejul*.

Miliony lat temu był tam ocean. Kolizja płyty indyjskiej z euroazjatycką sprawiła, że morze ustąpiło, wypiętrzając ze swych głębin łańcuch najwyższych na Ziemi szczytów. Kanion rzeki Kaligandaki wraz z mniejszymi, wyżłobionymi przez jej dopływy dolinami połączył Wyżynę Tybetańską z pasmem ośmiotysięczników. Zanim jednak rzeka zdołała przebić się na drugą stronę Himalajów kilkukilometrowym przełomem, jej wody utworzyły gigantyczne jezioro, którego dno stopniowo wypełniało się osadami wypłukiwanych przez nią gór. Gdy w końcu woda przedostała się na drugą stronę naturalnej bariery, wynurzone osady stopniowo przekształciły się w niezwykłe formacje skalne o przedziwnych kształtach i kolorach zmieniających się jak w kalejdoskopie. Wędrując tamtędy, można w ciągu jednego dnia doświadczyć gorącego słońca, przenikliwego zimna, porywistego wiatru i bezlitosnej zamieci. Po drodze odwiedza się samotne wioski, w których czas zatrzymał się kilka stuleci temu, mija jaskinie pełne dotąd nieodkrytych tajemnic i stare klasztory, w których wciąż odprawia się starsze od tych świątyń rytuały mające poskromić złe duchy i odwrócić uwagę nieprzyjaznych bóstw. Gdzieniegdzie stopy ześlizgną się ze stromych ścieżek trawersujących zbocza, nad którymi dostojnie górują nieosiągalne dla zwykłych wędrowców ośmiotysięczne masywy Annapurny i Dhaulagiri.

Po drugiej stronie himalajskiej grani krajobraz staje się jeszcze bardziej niezwykły. Potężna rzeka i jej dopływy odwadniają płaskowyż, a pasmo kilkutysięcznych szczytów stanowi naturalną zaporę dla deszczów monsunowych. Z każdym kilometrem na północ krajobraz coraz bardziej przypomina wysokogórską pustynię. Ciało przyzwyczaja się do wysiłku wędrówki, a wzrok stopniowo oswaja z bezkresem przestrzeni i jej surowym pięknem, które wymyka się słownym opisom. W nieprzeniknionej ciszy zerodowanych suchym północnym wiatrem skał gubi się poczucie rzeczywistości, a wyobraźnia ożywia mit o ziemskim raju.

Z przełęczy nad Lo Gekarem rozpościera się widok na krainę, o której w starych manuskryptach można podobno przeczytać, że „to kraj doskonałej szczęśliwości, gdzie wszystko, co upragnione, jest na wyciągnięcie ręki, gdzie poddani jaśnieją jak gwiazdy, a duch rozkoszuje się kontemplacją władzy". To właśnie zamieszkany przez tybetańskie plemię Lobów Mustang, w ich języku nazywany Królestwem Lo.

Mustang, czyli Lo

Nie wiedziałam, że takie miejsce istnieje. Gdy usłyszałam jego nazwę, myślałam, że chodzi o zdziczałego amerykańskiego konia lub o uosabiającego wolność i młodzieńczy brak ograniczeń legendarnego forda. Nawet wtedy gdy po raz pierwszy stałam na małym, wysokogórskim lotnisku u stóp Annapurny i Dhaulagiri, olśniona widokiem widzianych z bliska ośnieżonych szczytów himalajskiej grani, wciąż nie miałam świadomości, że po dwudziestoparominutowym locie z Pokhary, nepalskiego Zakopanego, znalazłam się oto na rubieżach dawnego królestwa, równie starego co jego tybetański sąsiad. O państwie rządzonym przez dalajlamów słyszeli jednak wszyscy, o Mustangu zaś niewielu.

Tybet, oprócz tego, że powszechnie znany, jest także wielki, a Mustang, ukryty przed światem w dolinie ciągnącej się najgłębszym wąwozem świata w stronę granicy z Chinami – maleńki. Jak niewidoczny odcisk na potężnym cielsku Azji. Jego powierzchnia zajmuje 3753 kilometry kwadratowe, na mapie w dużej skali to nie więcej niż główka pineski. To prawda, że istnieją miejsca jeszcze mniejsze, jak na przykład Luksemburg albo Watykan, o których opowiadając, można przy okazji opowiedzieć historię całego świata. Ale nie o Mustangu, który nigdy w żaden szczególny sposób nie wpłynął na jego losy. Z wyjątkiem jednego, krótkotrwałego i zakwalifikowanego jako ściśle tajny epizodu nie uczestniczył w wielkiej polityce ani nie toczył wojen, których skutki sięgałyby dalej niż jego najbliższe sąsiedztwo. Nie wymyślono tam żadnego wynalazku, jak również nie wywodził się stamtąd ani jeden „wielki człowiek", który swoimi dokonaniami zmieniłby losy ludzkości.

Mustang, przez całe stulecia odgrodzony najwyższymi górami świata od południa i nieprzyjazną Wyżyną Tybetańską od północy, uparcie tkwił w izolacji. Równie długo jego terytorium było białą plamą na mapach. Mieszkańcom tych ziem nie były potrzebne. Przywędrowali z północy pięć tysięcy lat temu. Wiedzieli, że dolina Kaligandaki, Czarnej Rzeki spływającej z wysokich gór ku Gangesowi, da im schronienie, jej dopływy i potoki lodowcowe nawodnią pola i pastwiska, wąwozy osłonią od wiatru. Mieszkali w jaskiniach przez całe wieki pogrążeni we własnych mitach i legendach. Aż do czasu, gdy wielcy władcy z doliny Jarlungu zdołali zjednoczyć rozrzucone po Wyżynie Tybetańskiej księstwa i wydobyć Tybet z dziejowego niebytu. Wiedzeni instynktem imperatorów rozumieli, że dolina Kaligandaki otworzy im dostęp do żyznych nizin Nepalu i połączy ich kraj z Indiami. Za ich panowania wydeptane wcześniej ścieżki zmieniły się w uczęszczany szlak przecinający w poprzek Himalaje, którym w obydwie strony krążyły towary, a z krajów sąsiednich przywędrował także buddyzm.

Reszta świata jednak nie interesowała się Mustangiem, a Mustang o to zainteresowanie wcale nie zabiegał. Żyjący w nieprzyjaznym klimacie Wyżyny Tybetańskiej Lobowie zdołali wypracować własny, samowystarczalny system przetrwania, a wynalazki z Zachodu lub Wschodu nie wydawały im się potrzebne. Podobnie wizyty obcych. Dopiero pod koniec XVII wieku udało się tam dotrzeć paru włoskim kapucynom zmierzającym z Indii w kierunku Lhasy. Drugim przybyszem, dwieście lat później, był podobno japoński mnich. Mniej więcej w tym samym czasie o istnieniu królestwa dowiedział się także angielski podróżnik, niejaki William James Kirkpatrick, któremu w Katmandu opowiedziano o Lo Manthangu jako o „jakimś miejscu zamieszkanym przez Bhotów", czyli „brudnych", „prymitywnych", jak Nepalczycy pogardliwie określali Tybetańczyków. Nie dotarł tam jednak, ponieważ Nepal, podobnie jak i Tybet, aż do połowy XX wieku bardzo niechętnie otwierał granice cudzoziemcom, a już na pewno nie pozwalał obcym na samodzielną eksplorację przygranicznych terytoriów. Brytyjskim agentom, którzy przemierzali Himalaje i Wyżynę Tybetańską, chcąc zabezpieczyć dostęp do Indii od strony Azji Środkowej i południa, również nie udało się dotrzeć powyżej przełomu Kaligandaki. W każdym razie mapy, które wówczas sporządzili, nie miały wiele wspólnego z rzeczywistością.

Najprawdopodobniej więc pierwszym zachodnim badaczem, który znalazł się w Lo Manthangu, był szwajcarski geolog Toni Hagen, który dotarł tam w 1950 roku. Tak przynajmniej twierdził w artykule *Afoot in Roadless Nepal* [Stąpając po bezdrożach Nepalu] opublikowanym dziesięć lat później na łamach „National Geographic". To jemu w każdym razie zawdzięczamy pierwszy opis stolicy Mustangu i pałacu królewskiego. Dwa lata później doszedł tam także Giuseppe Tucci, znawca tybetańskiej sztuki sakralnej, wcześniej agent Mussoliniego, eksplorujący Tybet od lat trzydziestych. Poruszony pięknem tamtejszych świątyń opublikował krótkie wspomnienie z tej podróży oraz opis odwiedzonych klasztorów. I na tym koniec. Aż do 1964 roku, kiedy to uparty francuski etnolog, dziennikarz i podróżnik Michel Peissel przekonał do swoich planów stosowne instytucje w Katmandu i po wielu miesiącach starań otrzymał pozwolenie na wyprawę w górę Kaligandaki, pod warunkiem jednak, że zrobi to na własną odpowiedzialność. Dotarł do Lo Manthangu, zaprzyjaźnił się z królem, poznał codzienne życie Lobów i tajemnice klasztornych bibliotek. Wydał książkę, którą nadal można kupić w każdej księgarni turystycznej w Katmandu lub znaleźć w hotelikach po drodze do Lo Manthangu. *Mustang. A Lost Tibetan Kingdom* [Mustang. Zaginione tybetańskie królestwo] wykreowała wizerunek zagubionego w górach zakazanego królestwa, pełnego niezbadanych tajemnic i białych plam.

Nieznane nęci. Zwłaszcza jeśli jest owiane legendami i osnute mgłą tajemniczych historii. W 1992 roku rząd nepalski ugiął się wreszcie pod naciskiem międzynarodowych agencji turystycznych i zgodził otworzyć Górny Mustang dla ruchu turystycznego. Pierwszym wojażerom, a nawet drugim, trzecim, piątym i dziesiątym, ukazał się zatrzymany w czasie średniowieczny świat, z całym swoim nostalgicznym urokiem i nienostalgicznym zacofaniem.

Przez pierwszych dziesięć lat zmierzającym do Lo Manthangu nie wolno było korzystać z usług miejscowych. Niosąc namioty, puchowe śpiwory i sprzęt kuchenny, wędrowali jednak tymi samymi ścieżkami, które przez wieki prowadziły do celu nomadów, kupców i pielgrzymów. Musieli się więc czuć, jakby cofali się w czasie.

Ja po raz pierwszy znalazłam się w Mustangu w 2010 roku. Trochę przypadkiem, namówiona przez A., który tyle razy opowiadał mi o Nepalu, twierdząc, że nie ma nic przyjemniejszego niż himalajski trekking. Ciągnąc za sobą ośmioletnią wówczas J., zakładałam, że to będzie rodzinna wycieczka szlakiem wijącym się u stóp legendarnych ośmiotysięczników. Nie przypuszczałam, że zechcę wracać do tego miejsca, a po przyjeździe do domu będę tęsknić za jego surowym pięknem, przejrzystym powietrzem i niczym nieograniczoną przestrzenią. Dwa lata później, po drodze do najstarszego klasztoru w dolinie, niewzruszony spokój tamtejszego krajobrazu łaskawie pozwolił mi na krótką chwilę ożywić mit o ziemskim raju. Jednak gdy rozpoczynałam wędrówkę szlakiem biegnącym z małego lotniska w Dżomosom ku przełęczy Thorung La, nie zastanawiałam się nawet, czy takie uczucie może istnieć naprawdę, a tym bardziej czy będę mogła go doświadczyć. Byłam po prostu, jak inni mijani po drodze, zwykłym trekkingowcem, turystą zachwycającym się widokiem lśniących w słońcu, ośnieżonych szczytów Nilgiri, Dhaulagiri i Thorung Peak, których biel kontrastowała z szarością zerodowanych skał niższych pięter górskich masywów. Przyciągały moją uwagę znacznie bardziej niż informacje przeczytane chwilę wcześniej na tablicy przy punkcie kontroli turystycznych pozwoleń, mówiące o tym, iż w górę rzeki rozpościera się „zakazane", „tajemnicze" Królestwo Lo.

Po drodze robiłam zdjęcia przedziwnym formacjom skalnym, fotografowałam karawany pędzone w górę rzeki, pielgrzymów zmierzających w stronę kompleksu świątyń Muktinath, mnichów w zwiewnych, bordowych szatach, kobiety o twarzach przedwcześnie zniszczonych słońcem i wiatrem, ale o pięknych rysach i kruczoczarnych włosach zaplecionych w długie warkocze. No i dzieci, bo one, chociaż odziane w niedoprane ubrania z drugiej ręki, ofiarnie podarowane przez jakieś organizacje dobroczynne, są najbardziej fotogeniczne. Wówczas jeszcze nie wiedziałam, że Lobowie myślą o świecie inaczej niż my. Wciąż poddają się, choć nie bezwolnie, wierze w nieuchronność przemijania i nadziei na odrodzenie. Swoim jestestwem, podobnie jak i posiadanym majątkiem, niewiele się przejmują, czego zresztą bardzo im zazdroszczę. Wtedy jednak nie zastanawiałam się szczególnie ani nad ich losem, ani nad ich historią.

Średniowieczna królewskość himalajskiego Mustangu jednak uwiodła moją wyobraźnię bardzo szybko. Wystarczyło, że drugiego dnia trekkingu zobaczyłam zwarty monolit szaro-białych, pokrytych gliną i błotem zabudowań wioski, a może raczej miasteczka Dźharkot. Wyrastały ze stromego zbocza, z lewej strony odgrodzone od pustej przestrzeni doliny ceglastym klasztorem i ruinami fortu. Górna linia zabudowań strzępiła się różną wysokością budynków. Ten, który zamykał szereg po prawej stronie, był najwyższy, a drewniane nadproża okien i drzwi najbardziej zdobne. Kilka godzin później, idąc wąską uliczką prowadzącą z hotelu Prakash do klasztoru, ja także po raz pierwszy poczułam, że cofam się w czasie. O jakieś pięćset lat. Do epoki, w której ludzie, chcąc dokądś dotrzeć, szli tam na piechotę lub jechali konno, żyli w symbiozie ze swoimi zwierzętami, przeniknięci ich zapachem, wszystkie czynności gospodarskie wykonywane były ręcznie lub za pomocą prostych narzędzi, w rezydencjach mieszkali wysoko urodzeni, a światem rządził król, astrologowie, starszyzna i kościelni hierarchowie.

Chwilę potem dowiedziałam się, że fort, którego zębate pozostałości górowały nad wioską, nie jest aż tak stary. Zbudowano go w XVII wieku, w czasach gdy Mustang wojował z sąsiednią Dźumlą (królestwem leżącym na południe od Dhaulagiri). Natomiast klasztor istotnie liczy pięćset lat. Stoi w nim znany w całym rejonie duży posąg Buddy. Ów monument zresztą nigdy nie chciał opuścić tego miejsca. Został przyniesiony aż z Tybetu i był tak piękny, że zazdrośni mieszkańcy sąsiedniego Kagbeni postanowili go wykraść i zanieść do siebie. Skradziona figura z każdym krokiem złodziei stawała się jednak cięższa, aż w końcu nabrała takiej wagi, że niesienie jej stało się niemożliwe. Posąg został w Dźharkocie i mieszkańcy są z niego tak samo dumni jak z tego, że tuż obok wioski Padmasambhawa zostawił odcisk stopy. Według nich ta legenda uprawnia ich do bycia spadkobiercami najlepszego rozdziału w historii nieistniejącego już królestwa.

Następnego dnia poczucie, że cofam się w czasie, przybrało na sile. Usłyszałam, że dom stojący na prawym skraju wioski to właściwie pałac od wieków należący do rodziny królewskiej i że mieszka w nim najprawdziwsza księżniczka, siostrzenica ostatniego króla Mustangu. Nieważne, że poznałam ją w chwili, gdy na podwórku układała na słońcu krowie placki do wyschnięcia. Suchym łajnem pali się w kuchennych piecach, nawet jeśli jest się królewską siostrzenicą. O jej statusie społecznym świadczyły arystokratyczne rysy odziedziczone po tybetańskich przodkach żeńskiej linii rodziny królewskiej oraz właśnie dom, a konkretnie fasada zwieńczona biegnącą wokół całego dachu ozdobną lamówką z przywożonego z indyjskich lasów brunatnego drewna, której wzór zarezerwowany jest jedynie dla siedzib należących do królewskiego rodu Bistów. Księżniczka pozwoliła się sfotografować i zaprosiła mnie do środka, wskazując chybotliwe, drewniane schody prowadzące mnie od razu na pierwsze piętro. Buddyjska koncepcja trzech poziomów uniwersum znajduje bowiem odzwierciedlenie także w architekturze. Przestrzeń domowa dzieli się na tę dla istot najniższych, czyli parter, gdzie niektórzy wciąż trzymają bydło i konie. Oczywiście robiono tak nie tylko w trosce o harmonię wszechświata, ale również z bardziej przyziemnych powodów. W Mustangu jest zimno, bardzo zimno i wietrznie. Zimą temperatura spada do minus trzydziestu stopni Celsjusza, a domy nie są ogrzewane. Drewno na wysokogórskiej pustyni to luksus i nikt, nawet arystokracja, nie może sobie pozwolić na to, by palić nim w kominku. Prąd doprowadzono niedawno, ale tylko do wiosek leżących wzdłuż głównego szlaku. Dociera zresztą z przerwami i bywają okresy, że częściej go nie ma, niż jest. Panele słoneczne, hit ostatniego dziesięciolecia, kumulują zbyt mało energii, by starczyło na ogrzewanie, poza tym to zdobycz techniki wciąż dostępna tylko dla najbogatszych. Ciepło zwierząt trzymanych na najniższym poziomie podnosi choć o kilka stopni temperaturę w pomieszczeniach na piętrze, gdzie Lobowie mieszkają. Zgodnie z buddyjską symboliką ten poziom domu odpowiada poziomowi Ziemi. Przestrzeń na górze zarezerwowana była i jest dla bóstw, i to tam z reguły znajdują się domowe świątynie.

W pałacu księżniczki było podobnie, z tą tylko różnicą, że trzodę przeniesiono do sąsiadujących z domem zagród, dzięki czemu parter zamienił się w skład rzeczy potrzebnych i niepotrzebnych. Kuchnia na pierwszym piętrze wyglądała jak każda inna kuchnia w okolicy. Ciemna, z paleniskiem na środku, osmolonymi garnkami, szybkowarami i chińskimi termosami – jedynymi artykułami z epoki nowoczesności. Na półkach zastawa codzienna z aluminium i mosiężna, bardziej wystawna, wzdłuż ścian niskie ławy wyłożone ręcznie tkanymi, miękkimi dywanami. I właśnie wzory na tych dywanach, równie piękne jak ornamenty rzeźbionej stolarki, świadczyły o tym, że to jednak kuchnia królewskiej siostrzenicy. No i to, że gdy przechodziłam przez niskie drzwi, chcąc nie chcąc musiałam schylić głowę i okazać gospodyni szacunek.

Pokój modlitewny mieścił się oczywiście na drugim, najwyższym piętrze. Wynalazek schodów wewnętrznych, nawet w pałacach, długo nie przyjmował się w Mustangu. Do kaplicy wchodziłyśmy więc po drabinie. Ja niezgrabnie, ostrożnie stawiając stopy na chybotliwych szczeblach, księżniczka ze zwinnością pantery śnieżnej. Sądziłam wcześniej, że wiekowe posążki bóstw, okopcone dymem z maślanych lampek malowidła, podłużne, bogato zdobione księgi modlitewne oraz różne inne precjoza używane do rytuałów religijnych zobaczę jedynie w klasztorach. Tymczasem tam to wszystko było. Stare i spłowiałe, pokryte kurzem, ale ciągle w użyciu. Kilka pokoleń Bistów, łącznie z ministrem, który w XIX wieku zbuntował się przeciwko swojemu zwierzchnikowi, królowi rezydującemu w Lo Manthangu, odprawiało w tym miejscu modły, używając tych samych czarek ofiarnych, kłaniając się tym samym boskim wizerunkom, paląc takie same kadzidła i zioła. Jak wszystko wokół, tak i to miejsce poddawało się nieskończonemu cyklowi przemijania i odradzania, a ja miałam wrażenie, że dzieje się to na przekór światu, z którego pochodzę.

Dwa lata później, jeszcze zanim dotarłam do Lo Gekaru, po raz pierwszy stanęłam przed pałacem Taszi Gephel, królewską rezydencją w Lo Manthangu, historycznej stolicy Mustangu położonej niecały dzień pieszej wędrówki od granicy z Tybetem lub, zgodnie ze współczesną mapą Azji, z Chińską Republiką Ludową.

Pieskowa Skała – powiedziałam wówczas do siebie.

To nic, że właśnie doszłam do jednego z najstarszych miast królestwa ukrytego wśród himalajskich szczytów i że budynek, do którego się zbliżałam, wcale nie tonął w zieleni, nie stał na stromej skarpie otoczonej lasem, parkiem i dekoracyjnymi klombami, nie miał wysokiej wieży z zegarem, z bliska jego gliniana elewacja okazała się w wielu miejscach popękana, drewniane nadproża nad wejściowymi wrotami niebezpiecznie chyliły się ku jednej stronie, a na dachu powiewały modlitewne flagi. Chodziło o pierwsze wrażenie, o subtelne proporcje jego bryły, dekoracyjność rzeźbionej stolarki drzwiowej i okiennej, warowną masywność niewysokiej bramy, przez którą podobnie jak w Pieskowej Skale należało przejść, by dostać się do głównego wejścia. Najwidoczniej po kilku dniach wędrówki przez bezkres Wyżyny Tybetańskiej, przerywany jedynie widokiem wiosek, w których zatrzymywaliśmy się na nocleg, mój umysł potrzebował odniesienia tego, co zobaczyłam, do czegoś, co znam.

Gdybym była Francuzką, zapewne myślałabym o Carcassonne. Jestem jednak Polką i moja wyobraźnia ułożyła osady mijane wzdłuż koryta Kaligandaki w himalajski Szlak Orlich Gniazd. Ruiny starych twierdz strzępiących się nad Kagbeni, Dźharkoten czy Ċarangiem górują nad okolicą podobnie jak szkielety zamku Tenczyn czy Ogrodzieniec. Pozostawione na łaskę prawie zawsze wiejącego wiatru powoli ponownie stają się częścią jałowego krajobrazu. Zatrzymane w czasie największej *prosperity* solnego szlaku wioski strzeżone przez widoczne z daleka klasztory wydały mi się Korzkwią, Ojcowem, Bydlinem czy Podzamczem. Tyle że Polską od ponad siedmiuset lat nie rządzą już Piastowie. Z Krakowa do Częstochowy prowadzi wiele dróg i nie są one wyłożone jurajskimi wapieniami, nie spotkamy na nich obwoźnych kupców, a pielgrzymi już dawno porzucili pątnicze szaty. Średniowieczne zamki nikogo nie strzegą, rezydencje kasztelanów i wojewodów, jeśli w ogóle przetrwały czasy potopu szwedzkiego, zaborów, sąsiedzkich waśni i PRL-u, zostały zamienione w zajazdy, muzea lub centra konferencyjne. Wyobraźmy sobie jednak, że Piastowie nadal walczą o tron krakowski, układają stosunki z Węgrami, szykują się do wojny z Czechami, rozsądzają spory, pobierają daniny i wszelkie inne honory należne im z tytułu urodzenia. Wyobraźmy sobie, że przez tych siedemset lat nie dokonano żadnych odkryć geograficznych, że wszyscy wierzą, że Ziemia jest płaska, że świat kończy się na Rzymie, że nie było oświecenia, rewolucji przemysłowej, że rytm życia wyznaczają pory dnia i roku, a na widok przejeżdżającego króla poddani nie czapkują, tylko w geście szacunku wystawiają język. Jeśli ten myślowy zabieg choć odrobinę nam się powiedzie, znajdziemy się w Mustangu na początku XXI wieku. Do tamtego czasu bowiem, od dnia, w którym Ame Pal, tamtejszy Władysław Łokietek i Kazimierz Wielki w jednym, ogłosił się niezależnym od Tybetu królem ziem leżących wzdłuż górnego biegu Kaligandaki, nie zdarzyło się nic, albo prawie nic, co zmieniłoby oblicze średniowiecznego królestwa.

Prawdę mówiąc, druga dekada naszego stulecia także nie przyniosła tam rewolucji. Owszem, w ciągu ostatnich kilku lat nowoczesność, a przynajmniej jej powierzchowne atrybuty, zdołała wtargnąć do Mustangu. Można nawet powiedzieć, że za sprawą stopniowego napływu turystów, telewizorów (podłączonych do chińskich paneli słonecznych i generatorów) i internetu dostępnego w telefonach (działających dzięki chińskiej sieci komórkowej) zauważalnie rozpanoszyła się wzdłuż głównego szlaku prowadzącego do stolicy, który zresztą kilka lat temu ze ścieżki zmienił się w przejezdną dla samochodów terenowych szutrową drogę. Lobowie, do niedawna żyjący wyłącznie własnymi sprawami, poczuli się więc w związku z dostępem do tych nowości zmuszeni w niewielkim choćby stopniu do konfrontacji z zewnętrznym światem. Nadawane przez chińską telewizję tasiemcowe seriale lub oglądane na DVD hity Bollywood na pewno obudziły w nich marzenia o lepszym życiu, które po wiekach izolacji wreszcie powinno, w ich mniemaniu, zacząć toczyć się bliżej świata rozwijającego się w zawrotnym dla Lobów tempie. Pamiętam też, jak w listopadzie 2012 roku, podczas mojej pierwszej wędrówki do Lo Manthangu, w hotelowej jadalni w niewielkiej wiosce Samar wraz z gospodarzami i z ich inicjatywy śledziliśmy transmisję z wieczoru wyborczego Baracka Obamy, świętującego reelekcję na stanowisko prezydenta. Przypuszczam, że ich dziadkowie nawet nie wiedzieli, że istnieje taki kraj jak Stany Zjednoczone. Trudno więc było mi zrozumieć, dlaczego tak wiele się po tym zwycięstwie spodziewali.

Możliwy od niedawna kontakt ze światem zewnętrznym nie oznacza jednak, że Lobowie zdecydowali się porzucić swoją religię lub zmienić styl życia. Czorteny, miejsca kultu zawierające relikwie i symbolizujące obecność Buddy, według miejscowych nadal strzegą wiosek przed złymi duchami, tak jak strzegły ich przez stulecia. Klasztory odznaczają się ceglastym kolorem na tle szarych skał niczym uśpieni wartownicy. Mimo drogi umożliwiającej ruch kołowy na głównym szlaku do stolicy jego odnogi, czyli wąskie ścieżki, które dostrzec można dzięki niewysokim kopczykom ułożonym z drobnych kamieni, wciąż biegną w tych samych kierunkach co dawniej. Wypłowiałe flagi wieszane na przełęczach powiewają, modląc się w powierzonych im intencjach, długie rzędy młynków modlitewnych ciągnących się wzdłuż murów klasztornych czekają, by czyjaś ręka wprawiła je w jednostajny ruch niemej mantry, a murki ułożone z kamieni *mani* rzeźbionych w sentencje religijne na to, by ktoś minął je prawą stroną. Mężczyźni co prawda porzucili tradycyjne wierzchnie czuby, ale kobiety nadal noszą szare lub czarne, długie do ziemi chałaty przepasane kolorowymi zapaskami z ręcznie tkanej wełny. Tak jak ich przodkowie oni także z prostoduszną nadzieją wieszają nad drzwiami każdego domostwa groźne pobielałe od słońca czaszki zwierząt, odstraszacze złych duchów, a ważne sprawy i decyzje powierzają lamom lub astrologom. Rytmem życia niezmiennie rządzą pory roku, religia i zabobon. Jesienią nad polami uprawnymi otaczającymi każdą wioskę słychać śpiewy. Podczas orki mężczyźni śpiewają zaprzęgniętym do pługów zwierzętom stare tybetańskie pieśni. Wykorzystywane do tej pracy dzo to dosyć narowista mieszanka himalajskiej krowy z jakiem, a śpiew podobno uspokaja te zwierzęta.

Wioski nad Kaligandaki właściwie się nie rozrosły, a Lo Manthang, choć to historyczna stolica, nie zmienił w ciągnącą się kilometrami, chaotyczną i zatłoczoną azjatycką metropolię. Pozostał taki, jakim zbudowano go w XV wieku. Ze stu czterdziestoma przylegającymi do siebie kwadratowymi domostwami i wąskimi uliczkami prowadzonymi przez miasto tak, żeby wiejący niemal bez wytchnienia wiatr nie mógł bezkarnie po nim hulać. Za sześciometrowymi murami, jak wszystko inne wzniesionymi z błota i gliny, mieszka niewiele ponad tysiąc osób, których dzień zaczyna się od porannej pudźi (obrzędu, który buddyści mogą odprawiać bez udziału mnichów) i zamiatania zawsze zakurzonych ulic. Dalsza część dnia zależy od tego, do jakiej przynależą kasty i co jest ich głównym źródłem utrzymania. Zgodnie z tym, co pisze Elke Selter w publikacji *Upper Mustang. Cultural Heritage of Lo Tso Dhun* [Górny Mustang. Kulturowe dziedzictwo Lo Tso Dhun], przygotowanej na zlecenie nepalskiego biura UNESCO, w Mustangu, podobnie jak w Indiach i w Nepalu, także istnieją kasty, choć nie determinują one życia aż tak bardzo jak w przypadku wymienionych wyżej krajów. Mimo wszystko najlepiej jest urodzić się Bistą (tybetańska nazwa tej kasty to *kudrak*), czyli należeć do arystokracji, ewentualnie Gurungiem (po tybetańsku *phalpa*), a najgorzej Biszwakarmą, czyli zaliczać się do najniższej kasty kowali, rzeźników i muzyków pozbawionych prawa do mieszkania w obrębie zabudowanych osad lub do nomadów skazanych na codzienną walkę o przetrwanie w bezlitosnym klimacie wysokogórskich pastwisk. Ten, kto decyduje się na mnisi żywot lub pochodzi z klasy średniej, czyli należy do Gurungów, ma trochę lżej. Posiada dom, czasami nawet dwupiętrowy, uprawia należące do rodziny pola i hoduje bydło. Jeśli nie otworzy hotelu, raczej nie ma szans na życie w dostatku, ale jest w stanie zaspokoić podstawowe potrzeby swoje i najbliższych. Natomiast Bistowie to rodzina królewska. Mają najwięcej ziemi uprawnej, duże stada owiec, no i koni. Te, o czym fascynująco pisze amerykańska antropolog Sienna Craig, uznawane za symbol energii zdolnej obudzić uśpiony umysł i skierować myśli na ścieżkę dharmy, od zawsze były oczkiem w głowie wszystkich panujących monarchów. Do Bistów należą również wszystkie królewskie rezydencje, takie jak ta w Dźharkocie, oraz liczne ruiny fortów i twierdz rozrzuconych wzdłuż Kaligandaki. No i oczywiście pałac w Lo Manthangu wraz ze skrywanymi na czterech piętrach skarbami i księgozbiorem. Ród ten wzbogacił się niegdyś na podatkach płaconych przez kupców pędzących karawany wzdłuż Kaligandaki. Ostatnie pokolenie Bistów, wykształconych w indyjskich szkołach z internatem, od dawna już pozbawione tych przywilejów, odcina kupony od romantycznej historii swojego rodu. Wie o tym każdy, kto za dziesięć dolarów napił się szkockiej whisky w czynnym od roku pięciogwiazdkowym Royal Mustang Resort w Lo Manthangu lub nocował w hotelach o podobnej nazwie w Ghami albo w Kagbeni, czy też w Maya Hotel w Ćarangu. To najlepsze hotele w Górnym Mustangu. I najdroższe. W każdym w nich można usłyszeć zaproszenie do domowej kaplicy: „Mam dużo ładnych rzeczy. Stare, oryginalne. Mój ojciec przywiózł je z Tybetu wiele lat temu. Może zechcesz coś kupić".

Późnym popołudniem w dniu, w którym po raz pierwszy stanęłam na dziedzińcu pod pałacem w Lo Manthangu, leciwi poddani ostatniego króla Lo wygrzewali się w promieniach zachodzącego słońca. W 2008 roku w związku z tym, że Nepal po wielu latach wojny domowej głosowaniem parlamentu wyłonionego w pierwszych od lat wyborach postanowił nie być już monarchią, Dzigme Dordzie Palbar Bista, dwudziesty drugi potomek założyciela dynastii od XV wieku rządzącej Mustangiem, także został zmuszony rozstać się ze swoim dostojnym tytułem. Mieszkańcy jego królestwa nie przejęli się jednak decyzją podjętą bez ich udziału. Nadal najchętniej gromadzili się pod pałacem, wyczekując spotkania ze swoim królem. Kobiety przędły wełnę, mężczyźni kręcili młynkami modlitewnymi, z każdym ruchem bardziej pogrążając się we własnych modłach. Pola wokół stolicy były zaorane, przepędzone z górnych pastwisk bydło znudzone wylegiwało się w przydomowych zagrodach. Tym, którzy nie mogli bądź nie chcieli przenieść się na zimę do Katmandu lub udać do Indii z zamiarem sprzedaży wełnianych swetrów albo pledów, nie pozostało wiele do zrobienia. Jedynie przetrwać do następnej wiosny. Scena pod pałacem pozwalała przypuszczać, że ich życie nadal będzie płynęło powoli, w tempie, do którego przywykli przez ostatnie siedemset lat.

Szlak

Kiedyś, na początku lat pięćdziesiątych XX wieku podobno pewien kupiec z Manangu, wioski leżącej na szlaku biegnącym wokół Annapurny, zachwycił się szklanymi bransoletkami i koralikami, które zobaczył na targu w Katmandu. Dowiedział się, że takie cuda można zdobyć w Czechosłowacji. Dowiedział się także, że to kraj w Europie Środkowej, na pewno nie wiedział jednak, gdzie dokładnie jest położony. Mimo to przysposobił ludzi i zwierzęta, po czym wyruszył w drogę. Tak jak od stuleci robili to jego przodkowie, pokonując setki, a czasem nawet tysiące kilometrów szlakami handlowymi Eurazji. Nie wiedzieli, co to paszporty, nie rozumieli wymogów współczesnych granic, prowadził ich dziedziczony z pokolenia na pokolenie instynkt wędrownego handlarza. Co najmniej dwa razy do roku siodłali swoje jaki i konie, zdobili ich uszy i szyje, po czym wypatrując odpowiednich znaków, rzucali nasiona jęczmienia na zimny wiatr, sól na rozżarzone kamienie, odprawiali modły, a następnie w ustalony przez astrologów dzień ruszali w drogę, żeby wymienić swoje towary na żywność, bez której ludność mieszkająca w wysokogórskich dolinach nie zdołałaby przetrwać himalajskiej zimy. Papierowych pieniędzy używali niechętnie, woleli monety. Mniejsze znaczenie miało, skąd pochodziły, ważne, żeby były ze szlachetnego kruszcu, a najlepiej ze srebra. Bardziej popularny był jednak handel wymienny. Coś za coś, w zależności od koniunktury i pory roku.

Ponieważ Michel Peissel był jednym z pierwszych zachodnich podróżników wędrujących doliną Kaligandaki przez zamknięte od wieków Królestwo Lo ku granicy z Tybetem, mógł zmyślić anegdotę o kupcu z Manangu, tak jak zmyślił wiele innych historii, na przykład o tym, że Lobowie sypiają nago i są bardzo rozwiąźli. Niewykluczone też, że zawarł w niej wszystkie inne opowieści o wędrownych handlarzach usłyszane w trakcie ponadmiesięcznej podróży z Pokhary do Lo Manthangu. Jeśli jednak wierzyć Peisselowi, karawanie kupca udało się dotrzeć aż do radzieckiej republiki Kirgistanu, skąd handlarz, nie wiedząc zapewne o tym, że świat zaczął błyskawicznie układać się na nowo, gotów był ponoć dalej zmierzać na zachód. Niestety, musiał zawrócić, powstrzymały go żelazna kurtyna i nieustępliwość radzieckich pograniczników.

Z Manangu do fabryk koralików w czeskim Jabloncu nad Nysą w linii prostej jest około 6500 kilometrów, ale jak wiadomo, przez poprzecinaną niekończącymi się pasmami górskimi Azję nie podróżuje się w linii prostej. Kupiec z Manangu musiał się liczyć z tym, że droga po koraliki zajmie mu wiele miesięcy i będzie trudna, że będzie wieść przez niezliczone przełęcze, przełomy rzek, ciągnące się w nieskończoność doliny, przez upalne niziny i pustynie i że podobnie jak wcześniej wielu innych może z niej nie powrócić. Ruszył jednak, najprawdopodobniej rozpoczynając swą wyprawę od wspinaczki na wysokość 5416 metrów nad poziomem morza i przejścia przez przełęcz Thorung La. Po zejściu ponad kilometr niżej, jeśli był pobożny, co jest wysoce prawdopodobne, zatrzymał się w świątyniach Muktinath, gdzie po zwycięskiej walce z demonem medytował Padmasambhawa w drodze powrotnej do Tybetu i dlatego miejsce to od wieków pozostaje celem pielgrzymek buddystów, a jako że hinduiści wierzą, iż tam właśnie doznał zbawienia największy i najpotężniejszy z wyznawanych przez nich bogów Wisznu, i oni peregrynują tam od stuleci. Niewykluczone, że handlarz zatrzymał się także w Dźharkocie, wiosce znanej z legendy o posągu, który sam „obronił się" przed kradzieżą. Stamtąd kupiec miał dwie możliwości: albo ruszył najkrótszą drogą przez przełęcz Kora La do Tybetu, albo jego karawana skierowała się w dół doliny z zamiarem zakupu towarów na wymianę. Osiemset metrów poniżej Muktinath szlak z Manangu przechodzący przez przełęcz Thorung La styka się bowiem z korytem Kaligandaki, której bieg wyznacza jeden z głównych transhimalajskich szlaków handlowych. Przez wieki tamtędy właśnie handlarze z Tybetu pędzili swoje karawany.

Czarna Rzeka wypływa spod granicy z Tybetem i rzeźbiąc najgłębszy wąwóz świata, przedziera się przez główną grań Himalajów między masywami ośmiotysięcznych szczytów Annapurny i Dhaulagiri, po czym zapierającymi dech w piersiach przełomami spada ku nizinom, by na koniec połączyć się z Gangesem. W miejscu, do którego czwartego lub piątego dnia wędrówki mógł dotrzeć kupiec z Manangu, Kaligandaki robi krótki odpoczynek, leniwie rozlewając się w szerokim, płaskim korycie. Turyści, którzy wędrują wokół Annapurny, znają to miejsce. To Kagbeni, jedna z najstarszych osad w dolinie Kaligandaki, gdzie z głównym szlakiem, biegnącym wzdłuż rzeki przez góry z północy na południe, krzyżują się drogi do prowincji Dolpo i właśnie do Manangu.

Nad wioską wznoszą się z jednej strony niewielki pięciusetletni klasztor w ceglastym kolorze, z drugiej postrzępione ruiny glinianego fortu, w którym w XVIII wieku, w czasach wojen z sąsiednimi księstwami, więziono jeńców, a nawet księżniczkę z Ladakhu, chcąc w ten sposób udaremnić jej mariaż z królem Mustangu. Mur otaczający osadę już co prawda nie istnieje, ale wciąż wejścia do niej strzeże prymitywna figura *kheni*, co dosłownie oznacza „zjadacza złych duchów". Rzeźbiona stolarka drzwi, okien i balkonów dodaje uroku glinianym domom w charakterystycznym dla tybetańskiego osadnictwa kształcie sześcianu. Te bogatsze stały się w ostatnich latach hotelami. Można nawet przespać się u miejscowej arystokracji i zobaczyć prawdziwą, liczącą przeszło dwieście lat bogato zdobioną domową kaplicę z olbrzymim posągiem Buddy Maitrei. Cielsko rozlanej rzeki tworzy malowniczą, szeroką dolinę, a ośnieżone szczyty siedmiotysięczników Nilgiri, Tilićo i Thorung Peak zamykają krajobraz w widokówkę. Wieczorny spacer dostarczy możliwości podpatrzenia wielu scenek rodzajowych, które sfotografowane w promieniach ciepłego, zachodzącego słońca pozwolą wzbogacić podróżnicze portfolio o „kobiety przędące wełnę", „małych mnichów grających w piłkę" albo „mężczyzn w trakcie wieczornej modlitwy".

Tuż po wschodzie słońca Kagbeni jest jeszcze piękniejsze. Najwyższe wierzchołki skrzą się zlodzonym śniegiem, odcinającym się od grafitowej szarości. Kolor gompy, po tybetańsku klasztoru, wieczorem przygaszony, staje się bardziej ceglasty, domy jaśniejsze, drewniane drzwi, nadproża okien i balkony bardziej brązowe lub błękitne. Nim rozwieje się wiatr i zasnuje dolinę drobniusieńkim pyłem, widok w górę rzeki zdaje się nie mieć końca. Dzień najpierw wstaje powoli, dając wszystkim czas na poranne rytuały, przyspiesza jednak, gdy tylko zniknie dym z palonych przeciwko złym mocom kadzideł. Wąskimi uliczkami zaczynają się przeciskać konie i muły, domowe bydło, kury, koguty, psy, stada kóz popędzane przez mężczyzn o krępych sylwetkach i ogorzałych twarzach. Wśród ulicznych czortenów i młynków modlitewnych wolno i dostojnie kroczą dzo z rozbrykanymi cielakami. Kobiety, wciąż najczęściej ubrane w tradycyjne, sięgające ziemi wełniane chałaty przepasane pasiastymi kolorowymi fartuchami, wychodzą w pole, dźwigając na głowach wielkie plecione kosze. Przystają czasem na chwilę, by zakręcić młynkiem modlitewnym lub zagadać do sąsiadki. Dzieciaki, jak to dzieciaki, strzelają z procy, toczą bitwę na patyki albo siedzą pod drzwiami sklepików, gapiąc się w oczekiwaniu na jakąś atrakcję. O tej samej porze w drogę ruszają także karawany. Tak też zapewne zrobił zmierzający do Czechosłowacji kupiec. Ruszył tą samą drogą, którą chodzili kupcy, pielgrzymi, opryszkowie i wojownicy od czasu, gdy potężni książęta z położonej we wschodniej części Wyżyny Tybetańskiej doliny Jarlungu zdołali wreszcie wyłonić te ziemie z mroków historycznego niebytu.

Połowa VII wieku – rok 1440

Zanim Tybet stał się Tybetem, imperium starożytnych Chin już dawno zdołało olśnić Zachód wynalazkami, po czym rozlać się po mapie Azji Środkowej, rozszerzając swoje wpływy przez Tienszan i Pamir aż po Morze Kaspijskie i rubieże Cesarstwa Rzymskiego. Przy okazji do łączącego dwa kontynenty Jedwabnego Szlaku dołączały coraz to nowe odnogi. Równocześnie po drugiej stronie Himalajów, w dolinie Indusu, kształtowała się kultura starożytnych

Indii z jej wspaniałymi miastami budowanymi na wzór bogatych osad Bliskiego Wschodu. W IV wieku przed naszą erą rządzącym Indiami udało się odeprzeć najazd Aleksandra Wielkiego, a następnie skonsolidować liczne niezależne państewka na północy. Dwa stulecia później indyjski władca Aśoka podbił Nepal, ustanowił buddyzm religią państwową i rozwinął kontakty z Zachodem, wykorzystując sieć morskich szlaków handlowych od wczesnej starożytności funkcjonujących w rejonie Zatoki Perskiej. Rozwój handlu nie był zresztą jedynym skutkiem dyplomatycznych i militarnych sukcesów azjatyckich imperatorów. Z Chin, przez góry Azji Środkowej, północny Afganistan, Iran aż do bliskowschodnich portów nad Morzem Śródziemnym wędrowały nie tylko towary, ale także idee. Starożytny Zachód spotykał się ze starożytnym Wschodem, powstawały wspaniałe miasta, księstwa, a nawet lokalne imperia. Watażkowie, bogacąc się, zamieniali się w książęta, emirów, czasami nawet królów. Oddzielony od reszty świata potężnymi górami, zamieszkany przez koczownicze górskie plemiona wyznające szamańską religię bon, podzielony na niezależne księstwa i rządzony przez wojownicze klany Tybet w tym wszystkim nie uczestniczył.

Dopiero w połowie VII wieku pierwszy z wielkich książąt z doliny Jarlungu Songcen Gampo zjednał sobie poparcie najpotężniejszych klanów i w krótkim czasie podbił terytorium rozciągające się od równin Indii i gór Nepalu aż do wschodnich granic Chin. Jak pisze Marek Kalmus w książce *Tybet. Legenda i rzeczywistość*, Songcen Gampo okazał się prawdziwym władcą – wizjonerem, który swoje zamiary realizował stopniowo, ale konsekwentnie. Najpierw pomyślał o spoiwie, które połączy plemiona zamieszkujące Wyżynę w jeden naród. Żywił przekonanie, że nie tylko podboje, ale także przyjęcie nowej religii pozwoli Tybetańczykom wyjść z dziejowego niebytu, uznał zatem, że rządzony przez niego kraj powinien porzucić szamańskie wierzenia i zwrócić się ku buddyzmowi, religii dominującej w państwach sąsiednich. Tak jak w historii chrześcijańskiej Europy małżeństwa władców przyspieszały dziejowy proces cywilizowania pogańskich terytoriów, tak stało się też w Tybecie. Tyle że pierwszy z wyznających buddyzm władców Wielkiego Tybetu, nazywanych z tego powodu Królami Dharmy, nie zadowolił się zawarciem jednego strategicznego małżeństwa. Songcen Gampo, poza tym, że poślubił cztery Tybetanki, w trosce o relacje z sąsiednimi państwami postanowił ożenić się także z córkami rodów rządzących Chinami i Nepalem. Poślubione przez niego księżniczka Wengcheng z dynastii Tang oraz księżniczka Bhrikuti z Nepalu odegrały ogromną rolę we wprowadzeniu buddyzmu w Tybecie. Z okazji zaślubin podarowały mężowi dwa posągi Buddy, które umieszczono w świątyniach Dziokhang i Ramocze. Są one najbardziej czczonymi przedmiotami kultu w całym buddyzmie tybetańskim.

Obydwie monarchinie, uznawane zresztą za inkarnacje bogini Tary, żeńskiego wcielenia bodhisattwy uosabiającego współczucie i miłosierdzie, rzeczywiście zrobiły w kwestii oświecenia Tybetańczyków na tyle dużo, że drugi z Królów Dharmy Tri Songdecen zdołał pokonać upór przywiązanych do bon ministrów i ogłosił buddyzm religią panującą w Tybecie, a następnie zaprosił z Indii Śantarakszitę, a później także Padmasambhawę, który dzięki swoim nadprzyrodzonym mocom wreszcie ujarzmił demony. Wówczas to budowa Samje, pierwszego buddyjskiego klasztoru w Krainie Śniegu, została szczęśliwie ukończona, a władcy z Jarlungu mogli powiększyć terytorium swojego królestwa. Nowe państwo z dużym impetem rozpostarło się na terenach słabnących Chin i upadających księstw i księstewek Jedwabnego Szlaku. Przy tym ani Songcen Gampo, ani Tri Songdecen nie ograniczali się do działań militarnych i umacniania nowej religii. Wytyczali drogi, budowali mosty i kanały, dzięki którym ich wojska mogły wkroczyć do Xi'an, stolicy starożytnych Chin, i w zamian za pokój zażądać rocznej kontrybucji w wysokości pięćdziesięciu tysięcy bel jedwabiu. Następnie zajęły Kotlinę Tarymską i jeszcze odważniej ruszyły na południowy wschód, w stronę Zatoki Bengalskiej, i na zachód, przez Kaszmir, dzisiejszy Pakistan, rozległe terytoria obecnego Afganistanu oraz Turkiestanu Wschodniego, dzisiaj nazywanego Sinkiangiem, aż po Taszkient, a nawet, po następnych podbojach, Samarkandę.

Przede wszystkim jednak królowie z Jarlungu rozwijali handel. Decyzja Songcena Gampy o ożenku z córkami władców sąsiednich państw okazała się bowiem dalekowzroczna nie tylko w kwestii krzewienia wiary. Poślubione księżniczki poza tym, że były obdarzone boskimi atrybutami i sprowadziły do Lhasy uczonych lamów, w swoich orszakach weselnych znalazły także miejsce dla kupców znających szlaki handlowe. Tak jak Chińczycy mieli jedwab, papier, nefryt i przyprawy, które dźwigane przez wielbłądy, osły i muły od starożytności docierały na spragniony orientalnych towarów Zachód, tak Królowie Dharmy mieli wełnę jaków, minerały, a przede wszystkim sól. Dużo soli. Na północny zachód od głównej grani Himalajów, w rejonie Czangtangu, tam gdzie niegdyś był ocean, dziś istnieją jego pozostałości – słone jeziora. Jest ich przeszło pięćset i łącznie zajmują ponad osiem tysięcy kilometrów kwadratowych. To z nich nauczono się pozyskiwać jeden z najbardziej pożądanych towarów średniowiecznego świata, z którym mężczyźni z tybetańskich księstw coraz odważniej zapuszczali się w różnych kierunkach.

O historii Jedwabnego Szlaku ukazało się w ostatnich czasach wiele szczegółowych opracowań, o historii szlaków biegnących przez Tybet natomiast znacznie mniej. Ze znalezionych w internecie artykułów opublikowanych przez Wydział Archeologii Uniwersytetu w Katmandu możemy się jednak dowiedzieć, że drogi na północny zachód od Lhasy, do których Tybetańczycy uzyskali dostęp dzięki militarnym podbojom Królów Dharmy, wiodły odnogami Jedwabnego Szlaku uczęszczanymi od czasów, gdy pierwsze karawany z jedwabiem opuściły dolinę Żółtej Rzeki w głąb Azji Środkowej. Szlak wschodni, zwany herbacianym, prowadził do Chin, a północno-wschodni do Syberii. Długo jednak nie było traktu, który przez zimny i wietrzny bezkres Wyżyny Tybetańskiej docierałby na południową stronę Himalajów. Dlatego właśnie, choć to jeden z najmniej przyjaznych do długiego podróżowania rejonów, położenie geograficzne sprzyjało Tybetańczykom w podejmowaniu handlowych eskapad w stronę Indii. Wiedzieli, które z dwudziestu czterech przełęczy leżących wzdłuż długiej na prawie tysiąc trzysta kilometrów granicy z Nepalem pozwolą im i ich karawanom przejść na drugą stronę łańcucha najwyższych gór świata. Zanim jednak do tych przełęczy dotarli i mogli skierować się dalej ku Kaligandaki, by z jej biegiem zejść w żyzne doliny Katmandu lub iść jeszcze dalej, do Ladakhu, albo przez porośnięty dżunglą Teraj do Sikkimu, Dardżylingu, Asamu i Bhutanu, mieli najpierw do pokonania ponad tysiąc kilometrów suchej, wietrznej, pełnej ostrych podejść i jeszcze ostrzejszych zejść wysokogórskiej pustyni. Dystansu nie liczono w kilometrach, ale w dniach, a dni układały się w tygodnie, czasem miesiące powolnego marszu, podczas którego za schronienie służyły namioty, a za jedyny dostępny opał wysuszone odchody zwierząt[3].

I jeśli chodzi o konkrety, to ta wiedza musi nam wystarczyć. Próżno bowiem szukać opisów tych pionierskich eskapad. To raczej legendy, a nie fakty tworzą ich historię. Choć przypuszcza się, że orszak weselny księżniczki Bhrikuti dotarł do Lhasy przez Kodari, najniższą z dostępnych przełęczy, nie wiemy nic o czasie tej podróży, o niewygodach, którym przyszła władczyni i jej towarzysze musieli stawić czoło. Dziś możemy zobaczyć jedynie miejsca kultu upamiętniające tę podróż. Nie znajdziemy również map transhimalajskich szlaków handlowych. Pierwsze sporządzili dopiero Anglicy, penetrując te tereny przed podjęciem wojskowej operacji Francisa Younghusbanda, który w 1904 roku wkroczył ze swoimi oddziałami do Lhasy. A i te szkice były niedokładne. Do tego stopnia, że pionierzy himalaizmu, jak na przykład Maurice Herzog i Louis Lachenal, pierwsi zdobywcy Annapurny, badali podnóża ośmiotysięczników niemal po omacku. Jeśli jednak ktoś chciałby poczuć siłę wiatru, bezkres otaczającej przestrzeni i zimno tybetańskiej nocy, niech przypomni sobie *Siedem lat w Tybecie* Heinricha Harrera. Uciekający z brytyjskiego obozu internowania Austriacy byli zahartowanymi, doświadczonymi alpinistami, kilkanaście miesięcy wcześniej gotowymi stanąć twarzą w twarz z dziewiątym najwyższym szczytem świata. Dotarcie do Lhasy było dla nich największym w życiu zmaganiem się z fizyczną słabością. Wielokrotnie wątpili, czy kres tej wędrówki okaże się dla nich osiągalny.

Przejście na drugą stronę głównego łańcucha Himalajów wcale nie oznaczało zresztą, że droga stanie się łatwiejsza. Tam wszystko jest przecież „naj". Góry są najwyższe, rzeki najbystrzejsze, doliny najdłuższe, horyzont najbardziej nieskończony. Przypuszczam, że widok z przełęczy Kora La, dziś otwieranej sezonowo jedynie dla ruchu lokalnego, przez którą musiały przechodzić karawany zmierzające w stronę Kaligandaki, zapiera dech. Z wysokości 4620 metrów w każdą stronę rozpościera się morze pokrytych śniegiem wierzchołków, zdecydowaną linią odcinających się od szarości zboczy i niższych szczytów, których nie sposób zliczyć. Ale przecież pielgrzymi, watażkowie i kupcy nie podróżowali tamtędy dla pięknych widoków. Tych pierwszych, zmierzających najprawdopodobniej do Lo Gekaru, miejsca, w którym rozegrała się walka Padmasambhawy z demonem, lub jeszcze dalej, do Muktinath, gdzie zwycięzca medytował, prowadziła potrzeba religijnej kontemplacji. Ci drudzy zapuszczali się w stronę Kaligandaki i wykorzystując prawo ziemi na wpół niczyjej, oddalonej od zwierzchników rezydujących w Lhasie, próbowali przejmować kontrolę nad skrawkami strategicznej doliny. Najdłuższa droga czekała jednak kupców. I choć tylko niektórzy pędzili swoje karawany aż do samych nizin, przewożony przez nich towar musiał dotrzeć przynajmniej do przełomu Kaligandaki.

Ten odcinek szlaku wciąż – szczególnie gdy pokonuje się go w niesprzyjającą pogodę – budzi lęk. Na stromych ścieżkach himalajskich zboczy ziemia rozmyta w okresie ulewnych deszczów potrafi znienacka usuwać się spod nóg, rozpędzone strumienie zrywają mosty. Oczywiście w trakcie monsunu, czasu największych opadów i roztopów, ruch kupiecki malał. Zawsze jednak, bez względu na porę roku, rzeka, z impetem spadając z gór na niższe piętra, zamienia się w zasilany lodowcowymi strumieniami żywioł. W niektórych miejscach trakt bywał tak śliski i stromy, że jego przebycie sprawiało trudność nawet doświadczonym zwierzętom. Towar lądował wówczas na plecach kulisów i tak niesiony docierał wreszcie do miejscowości Tukuća, gdzie nadal stoją, choć już od dawna nieużywane, magazyny, w których sól, wełna jaków, minerały i sprasowana w kostki herbata wymieniane były na przyniesione z nizin ryż i zboże lub sprzedawane za gotówkę w postaci woreczków złotego piasku lub, ale to już znacznie później, srebrnych monet. Po ponownym załadunku karawany ruszały z powrotem w górę rzeki, a potem dalej, w stronę wysokogórskiej pustyni po drugiej stronie Himalajów.

Historia, którą rozpoczął pierwszy z władców z doliny Jarlungu, przez dwa stulecia zmierzała w obranym przez niego i jego następcę kierunku. Z opasłej monografii Marka Kalmusa dowiemy się, że istotnie w tych czasach wielu znanych wówczas joginów z Indii, Nepalu lub Kaszmiru przemierzało Wyżynę Tybetańską i Himalaje, nauczając albo medytując, a śmiałe wyczyny Padmasambhawy, jego nadprzyrodzona moc i siła zdołały przemówić do prostej ludności zamieszkującej podbite terytoria. Przypuszczalnie dlatego, że rytuały i formuły, którymi Guru Rinpocze walczył, by podporządkować lokalne bóstwa nowej religii, z zasady były podobne do magiczno-tajemniczego szamanizmu kultywowanego przez nią od czasów zamierzchłej starożytności. W połowie IX wieku monolit wielkiego buddyjskiego Tybetu zaczął jednak pękać, po czym rozpadł się na wiele kawałków. Wpływowi zwolennicy starego, przedbuddyjskiego porządku nigdy do końca nie chcieli podporządkować się nowemu. Podsycana dworskimi intrygami niechęć klanów możnowładczych do umacniania wpływów kleru narastała powoli, aż w końcu doprowadziła do spisku, który ostatecznie położył kres rządom dynastii z Jarlungu. Znany z poparcia dla stanu zakonnego i praktyk religijnych ostatni z Królów Dharmy Relpaczen został zamordowany przez swojego brata, wyznawcę bon. Po śmierci Relpaczena buddyzm nie stał się wprawdzie religią zakazaną, ale bez królewskiego poparcia wegetował w pustelniach i niewielkich klasztorach. Tybet natomiast, rozpadając się na wiele rywalizujących ze sobą księstw i księstewek, pogrążył się w lokalnych konfliktach. Tracąc kontrolę nad zdobytymi wcześniej terytoriami, utracił także status mocarstwa. Równolegle do tych wydarzeń w Azji Środkowej rozpoczęła się ofensywa islamu, zmieniając religijne oblicze Kaszmiru, Afganistanu i Indii.

1440–1959

Tybet zachodni oraz ziemie podbite przez Songcena Gampę po drugiej stronie głównej himalajskiej grani podzieliły się na trzy rywalizujące ze sobą księstwa: Purang, Gungtang i najsilniejsze z nich Guge (Szang-Szung). Właśnie Guge wchłonęło Dolpo i tereny leżące nad Kaligandaki. To w tym momencie zaczyna się historia Mustangu opisywana przez doktora historii Uniwersytetu Columbia Ramesha K. Dhungela. Dzieje te, opowiadane nie legendami, tylko opisywane na podstawie faktów, mieszczą się na zaledwie kilkudziesięciu stronach szczegółowego akademickiego opracowania *The Kingdom of Lo (Mustang). A Historical Study* [Królestwo Lo (Mustang). Studium historyczne]. Dhungel nie cofa się do zamierzchłej starożytności, kiedy to ludność napływająca z północy, od strony Wyżyny Tybetańskiej, zaczęła zasiedlać liczne jaskinie w rejonie Kaligandaki, ale jest jednym z niewielu autorów piszących o Mustangu, który nie podsumowuje czasów przed politycznym uniezależnieniem się tego królestwa od tybetańskich zwierzchników jako okresu, kiedy ziemie te spowijał mrok historycznego niebytu przerwanego jedynie krótką, acz brzemienną w skutki wizytą Padmasambhawy i jego heroiczną walką z demonem. To prawda, że bieg tych wydarzeń nie zaskakuje ich zawrotnym tempem ani tym bardziej natężeniem, jednak pięć stuleci, które upłynęły od momentu, gdy pierwszy z Królów Dharmy zdecydował się podbić zachodni Tybet oraz dolinę Kaligandaki, już wówczas dzielącą się na Lo i Sarib, czyli Górny i Dolny Mustang, wraz z dzisiejszym Dolpo przesądziły o tożsamości Mustangu i na zawsze kulturowo związały ten obszar z Tybetem. Pobożni władcy z Doliny Jarlungu odnosili się bowiem do kwestii krzewienia buddyzmu na terytoriach przez siebie podbitych z taką samą troską jak do rozwoju swojego imperium, a kontrola nad transhimalajskim szlakiem solnym miała dla ich wizji Wielkiego Tybetu znaczenie równie istotne jak ekspansja na północny wschód, w stronę Chin. Ze źródeł chińskich, tybetańskich i z kronik Ladakhu, które przytacza Dhungel, wynika, że następcy Songcena Gampy poważnie potraktowali zdobycze terytorialne dziadka. Na zaanektowane obszary delegowali swoich przedstawicieli, a ponieważ najczęściej byli to wysoko urodzeni mnisi, można wywnioskować, że ich głównym zadaniem, poza kontrolą nad przychodami z handlu solą, stało się propagowanie buddyzmu wśród plemion praktykujących szamańską religię bon. Nowe imperium miało się stać spójnym wyznaniowo konkurentem dla osłabionych Chin i zagrożonych islamem Indii.

Z chwilą gdy skończyły się rządy Królów Dharmy, Wielki Tybet rozpadł się na liczne, niezwiązane wspólnym przywództwem księstwa. Inaczej niż w Europie, na terytoriach podbitych przez Królów Dharmy obyło się jednak bez wojen religijnych. Nikomu nie przyszło do głowy, by zburzyć świątynię Lo Gekar czy wyganiać medytujących mnichów z miejsc odosobnienia. Co więcej, może dlatego że władający tym rejonem potomkowie Królów Dharmy pozostali wierni buddyzmowi, a może dlatego że lama Sanggje odnalazł blisko Lo Gekaru pierwszy z legendarnych tekstów Padmasambhawy, to właśnie te tereny pozostały miejscem pielgrzymek wielkich mnichów i joginów z Tybetu i Kaszmiru. Milarepa, tybetański jogin, poeta i nauczyciel, zanim dotarł w rejon świętej góry Kajlas, zabawił w Mustangu przeszło rok, a jego nauki spodobały się tam tak bardzo, że ponoć do granicy z Tybetem na przełęczy Kora La odprowadzała go pokaźna grupa nawróconych wyznawców. Inni ważni mnisi zakładali nowe ośrodki praktyk religijnych, tłumaczyli święte teksty, kształcili uczniów wywodzących się z miejscowej arystokracji. Sami Lobowie, zapewne za sprawą znaleziska lamy Sanggjego, wciąż czcili wielkiego Guru Rinpoczego.

Bon także miała swoich wielkich mistrzów wędrujących himalajskimi szlakami z misją oświecania wiernych, budowania klasztorów i pielęgnowania starej tradycji. Z czasem jednak tak bardzo zbliżyła się do buddyzmu tybetańskiego, że w końcu różnice między obiema religiami uległy niemal zatarciu. Sporne pozostały tylko dwie doktrynalne kwestie: miejsce pochodzenia obu religii oraz ich oświeceni założyciele. Dla wyznawców bon tym, który doznał oświecenia, był nie Budda Śakjamuni, ale Szenrab, a kolebką ich religii były nie Indie, tylko starożytne królestwo Szang-Szung, które zanim zostało podbite przez Królów Dharmy, obejmowało ogromne tereny rozciągające się od starożytnej Persji, przez dzisiejszy Afganistan aż po zachodni Tybet. Nieduży, ale nadal działający klasztor w Lubrze, niewielkiej wiosce usytuowanej na uboczu, zaledwie godzinę drogi na południowy wschód od Kagbeni, wciąż, niczym niemy świadek tego trwającego ponad trzy stulecia procesu religijnej asymilacji i współistnienia, wznosi się nad malowniczą, prowadzącą donikąd doliną. Mieszkańcy Lubry, choć przesiąkli buddyzmem praktykowanym we wszystkich innych wioskach prowincji, ubierają się tak samo jak sąsiedzi, jedzą te same dania, mówią tym sam dialektem i są równie pobożni, po dziś dzień oddają się prastarym rytuałom bon i wyrażają nieskrywaną dumę z zachowania przez wieki religijnej odrębności, która podobnie jak życie religijne w całym Mustangu nie ma nic wspólnego z utrzymywanym na turystyczne potrzeby skansenem.

W końcu jednak bon przegrała z buddyzmem, a tłem dla jej porażki były polityczne rozgrywki rządzących trzema księstwami zachodniego Tybetu i strategiczny sojusz zawarty przez władcę najsłabszego z księstw, Gungtangu, z pierwszym cesarzem Chin z dynastii mongolskiej, który dał jego władcom możliwość przejęcia kontroli nad Mustangiem i Dolpo, a przy okazji sprawił, że szkoła sakja stała się (i do dziś pozostaje) dominującą tradycją buddyjską na tych terenach*. Kres tego aliansu, spowodowany upadkiem rządów Mongołów w Chinach i wymianą rządzących w Tybecie, zmienił co prawda układ sił w całym regionie, ale na krótko. Książęta z Gungtangu zdołali odzyskać wpływy w dolinie Kaligandaki, a żeby swoją obecność umocnić, postanowili delegować do Mustangu zaprawionych w lokalnych potyczkach i, jak mieli nadzieję, lojalnych wobec nich dowódców wojskowych. Watażkom (trudno nazywać „generałami" rozbijających się po Himalajach dowódców lokalnych band) przyznano status gubernatorów i duży margines samodzielności.

Prawdę mówiąc, książęta z Gungtangu nie mieli innego wyboru, jak tylko podzielić się odzyskaną władzą. Przez cały Tybet zachodni wiał wiatr zmian. Korzystając z kryzysów dynastycznych, nieustannej walki o wpływy między księstwami oraz z ogólnego

* Szkoła sakja – jedna z głównych szkół buddyzmu tybetańskiego. Wywodzi swe korzenie od indyjskiego tantrycznego mędrca Wirupy. Łączy nauki sutr i tantr w taki sposób, by możliwe było osiągnięcie stanu oświecenia w czasie jednego żywota. W XIII i XIV wieku, dzięki działalności wielu wybitnych lamów, niemal całkowicie opanowała Tybet, a następnie Mongolię. Jej duchowym przywódcą był Sakja Pandita, uczony i polityk. Zob. M. Kalmus, *Tybet. Legenda i rzeczywistość*, Kraków 2008, s. 60.

zawirowania na tybetańskiej scenie politycznej połowy XIV wieku, lokalne klany ogłaszały niezależność. Autonomia gubernatorów miała ocalić oficjalne zwierzchnictwo Gungtangu nad Mustangiem i z tego powodu rządzący księstwem gotowi byli zwiększać jej margines. Raczej na pewno nie zakładali jednak, że trzeci z nich, wnuk pierwszego z gubernatorów, zbuntuje się, ogłosi niepodległość, założy królestwo, zbuduje stolicę, a dwadzieścia dwa pokolenia jego potomków będą rządzić ziemiami leżącymi wzdłuż górnego biegu Kaligandaki aż do 2008 roku, kiedy to wspierani przez Indie maoiści postanowili obalić nepalską monarchię, przy okazji pozbawiając także oficjalnego tytułu, rangi i przywilejów zasiadającego na tronie w Lo Manthangu Dzigme Dordzie Palbara Bistę, ostatniego koronowanego króla z rodu Ame Pala.

Biorąc pod uwagę średniowieczne statystyki, a tym bardziej średnią długość życia w miejscu człowiekowi tak nieprzyjaznym jak Wyżyna Tybetańska, Ame Pal żył długo. Bardzo długo. W każdym razie na tyle długo, że zdołał zasłużyć na to, by jego poddani uznali go za inkarnację bodhisattwy, istotę, która dążąc do stanu oświecenia, kieruje się altruistyczną motywacją przynoszenia pożytku innym. Aż trzy z sześciu wydarzeń uznanych za najważniejsze w dziejach Królestwa Lo, opisanych w kronikach najstarszej świątyni Lo Manthangu, odnoszą się do jego życia oraz dokonań. W siedemnastowiecznym dokumencie wymienione są lata 1387 jako data urodzin i 1447 jako data śmierci monarchy, następnie rok 1440, w którym Ame Pal po piętnastu latach rządów gubernatorskich sprawowanych w imieniu książąt z Gungtangu ogłosił powstanie niepodległego Królestwa Lo. W następnej kolejności kronika odnotowuje jego decyzję o przeniesieniu siedziby władz powstałego królestwa z Ćarangu, gdzie jako pierwsi gubernatorzy rezydowali jego dziadek i ojciec, do leżącego bliżej granicy z Tybetem Lo Manthangu i zbudowaniu w nim nowego pałacu Taszi Gephel.

Poza tymi dokonaniami pierwszy król Mustangu, podobnie jak pierwszy z Królów Dharmy, miał wizję rozwoju swojego królestwa i wykazywał duży talent dyplomatyczny. Potrafił na przykład ułożyć relacje z dawnymi protektorami z Gungtangu, czego istniejącym do dziś dowodem są inskrypcje na jednej ze ścian świątyni Dziampa, konsekrowanej w roku śmierci Ame Pala. W ciągu ostatnich siedmiu lat życia zdołał również podbić sporą część terytorium dawnego Guge i Purangu oraz Dolpo i południową część doliny Kaligandaki. Niektóre źródła podają także, że pod koniec jego panowania północna granica królestwa sięgała aż do źródeł Cangpo, czyli Brahmaputry, i nawet jeśli dokładnego przebiegu tych granic nie jesteśmy dziś w stanie zweryfikować, wiemy na pewno, że w tym czasie Mustang stał się bogatym, dobrze zarządzanym, liczącym się państwem, a pozycja Ame Pala, a później jego czterech następców na lokalnej scenie politycznej była tak silna, iż w dużej mierze to oni decydowali o tym, kto będzie rządził pozostałymi księstwami zachodniego Tybetu.

W ciągu jednego stulecia, od momentu decyzji Ame Pala o politycznym uniezależnieniu się od tybetańskich zwierzchników do połowy XVI wieku, dolina Kaligandaki, podobnie jak Dunaju czy Renu w Europie, stała się ruchliwym korytarzem, wzdłuż którego budowano coraz więcej osad takich jak Kagbeni. Poniżej wyrosło Dźomosom, dzisiejsza stolica dystryktu, wyżej w stronę Manangu rozbudowały się Muktinath i Dźharkot. W górę rzeki, po drodze do Lo Manthangu powstały Ćhuksang, Ćele i Ghami. Półdzikie, słabo zaludnione terytorium zmieniło się w konkurencyjne dla Lhasy centrum praktyk religijnych, coraz liczniej odwiedzane przez pobożnych pielgrzymów. Sprzyjały temu dochody z kontroli nad szlakiem solnym, a nade wszystko ascetyczne podejście Ame Pala do ziemskich przyjemności. Idąc w ślady innych azjatyckich monarchów, mógł on pozwolić sobie na przykład na to, by jego rezydencja olśniewała rozmachem i wykwintnością. Tymczasem skala pałacu Taszi Gephel zupełnie odziera go z królewskiego majestatu – próżno szukać w tej budowli śladu pielęgnowanego przez następne stulecia kultu jednostki, rozbuchanego ego, które częstokroć decydowało o architektonicznym rozmachu przedsięwzięć rządzących dawnymi imperiami Jedwabnego Szlaku. Pierwszy z władców Lo, może dlatego że otrzymał odpowiednie instrukcje od swojego duchowego nauczyciela, fundatora i pierwszego przeora klasztoru Ngor w Tybecie, a może dlatego że sam był bardzo religijny, zamiast zaspokajać własną próżność, przychody z handlu solą wolał przeznaczać na budowę świątyń, przyjmowanie uczonych lamów i finansowanie prac najlepszych newarskich mistrzów sakralnego malarstwa ściennego.

Jego syn i wnuk postępowali zresztą podobnie. Dzięki takiemu podejściu do kwestii krzewienia religii dwa najstarsze klasztory w Lo Manthangu, Dziampa i Thubczen, mogły się stać, jak pisał o nich w eseju *Mustang. Raj utracony* Tiziano Terzani, legendarny korespondent tygodnika „Der Spiegel" i znawca Azji, kaplicami Sykstyńskimi buddyzmu[4]. Kryją w sobie najwyższej klasy malowidła, oprawione w jedwab tanki, buddyjskie proporce modlitewne, miedziane posągi kryte złotem, niezliczoną ilość relikwii i przedmiotów rytualnych oraz księgozbiory, w tym wolumin świętego Kandżuru, którego tekst wypisano złotem, w związku z czym cały tom waży czterdzieści kilogramów. Podobno raz do roku mnisi z klasztoru w Ćarangu wietrzyli go na słońcu, przewracając po kolei każdą kartę. W trudno dostępnych jaskiniach, niegdyś miejscach odosobnienia i medytacji, przetrwały niezwykłej urody malowidła, małe czorteny kryjące w sobie jeszcze starsze relikwie. Wiele z nich zostało odkrytych dopiero niedawno, gdy Mustang otworzył granice dla obcych i stał się mekką zachodnich archeologów oraz historyków sztuki. Nikt jednak nie wie do końca, ile jeszcze takich miejsc kryje w sobie dolina Kaligandaki i jakie skarby się w nich znajdują. Wiadomo jedynie, że to, co w Tybecie zostało unicestwione, w Mustangu przetrwało, tknięte tylko przez czas, wiatr, erozje lub zapomnienie.

Złota era Mustangu trwała do połowy XVI wieku, kiedy to rozpoczęły się wewnętrzne waśnie, okres wojen z sąsiednią Dźumlą i najazdów leżącego na zachód księstwa Ladakhu, wskutek których terytorium królestwa skurczyło się do doliny Kaligandaki. Próby reform podejmowane przez bardziej światłych potomków Ame Pala przeplatały się z długimi czasami zastoju i politycznych nacisków ze strony Lhasy. Dalajlamowie bowiem uważali tę himalajską monarchię za państwo od nich zależne. Wreszcie, pod koniec XVIII wieku, osłabione zakusami sąsiadów Królestwo Lo przegrało z narodowymi aspiracjami wojowniczych Gurkhów. Rządzący nim wówczas Wangjal Dordzie ugiął się przed pierwszym królem zjednoczonego Nepalu Prithiwim Narajanem. W zamian za ochronę przed Dżumlą, Tybetem i Ladakhiem stracił ziemie nazywane dziś Dolnym Mustangiem, zachowując jednak tytuł królewski i kontrolę nad siedmioma dystryktami w górnym biegu Kaligandaki, od Ćhuksangu na południu po Lo Manthang na północy. Lo zmieniło się w Lo Tso Dhun, czyli stało się Górnym Mustangiem, z dużą autonomią, ale i obowiązkiem ochrony północnej granicy Nepalu na wypadek wojny z Tybetem (która zresztą wybuchła w 1855 roku i w której Mustang lojalnie stanął po stronie Nepalu) oraz rocznej kontrybucji w postaci pięciu koni i dziewięciuset dwudziestu dziewięciu rupii. Lobowie na pewno zubożeli, ich historia toczyła się jednak dalej w tempie, do jakiego przez stulecia przywykli, z dala od wojen, które przynosiły kres jednym imperiom i dawały początek drugim. Dynastia założona przez Ame Pala trwała mimo siedemnastowiecznych waśni, życie w klasztorach kwitło, a szlakiem solnym chodzili nieznający granic nomadzi z wielkimi stadami jaków i bydła, pielgrzymi i kupieckie karawany. Kwestia, komu należy płacić daniny i cła za przewóz towarów, miała dla nich drugorzędne znaczenie. Ważne, by trwający od wieków system wymiany handlowej mógł działać bez większych zakłóceń. I działał. Mimo lokalnych konfliktów, późniejszych zmagań kolonialnych mocarstw walczących o wpływy w Azji Środkowej i wielkich wojen pierwszej połowy XX wieku. Oczywiście wówczas nie przynosił już takich dochodów jak za czasów Ame Pala, a opłaty trafiały nie do rządzących Mustangiem, ale do rządzących Nepalem, pozwalał jednak zarówno kupcom z drugiej strony Himalajów, jak i mieszkańcom doliny Kaligandaki zachować ekonomiczną samowystarczalność. W końcu jednak nastał 1959 rok, w którym skończyła się historia niepodległego Tybetu. Decyzją władz Chińskiej Republiki Ludowej przełęcz Kora La, jako jedno z przejść granicznych łączących Nepal z Tybetem, wtedy już zaanektowanym przez ChRL, została zamknięta. Handel ustał, skurczyły się zasoby królewskiego skarbca i majątki klasztorów, ludzie zubożeli, miasta straciły na znaczeniu. Nie, nie przestały istnieć. Nie podzieliły losu wielu starożytnych osad Jedwabnego Szlaku, które znikały przysypane piaskiem w momencie, gdy ruch na tych odcinkach zamierał.

Zbudowane z cegły suszonej na wietrze, gliny i błota, strzeżone przez wyblakłe czorteny, zatrzymane w czasie, przez wieki niewidziane przez obcych, wciąż istnieją.

2010

Siedząc na oszklonej werandzie hotelu Shangri-La, przyglądam się porannemu wymarszowi karawan z Kagbeni. Jedne kierują się w dół, z biegiem rzeki do Dżomosom, gdzie na tragarzy czekać będą bagaże turystów przylatujących o świcie z Pokhary. Niektóre z nich później wyruszą za trekkingowcami do sąsiedniego Dolpo albo nawet do Lo Manthangu, kolejne być może pójdą niżej, po żywność, papierosy, piwo, po wszystko to, co nie rośnie lub czego nie ma wysoko w Himalajach. Jeszcze inne wyruszą za pielgrzymami do Muktinath. Jest ich jednak mniej niż dawniej. Kilka lat temu do słynnych świątyń można było dostać się tylko stromą ścieżką, teraz dotarcie tam jest znacznie łatwiejsze. W 2008 roku zbudowano drogę i pielgrzymi, najczęściej z Indii, zamiast mozolnie piąć się kilka kilometrów do góry, wolą niemiłosiernie stłoczeni dojechać do celu w przedpotopowych indyjskich terenówkach.

Oczywiście wiem, że żadna z tych karawan nie pójdzie do Tybetu, podobnie jak i żadna nie zapuści się do Indii. Odwieczny rytm wymarszów i powrotów został dawno temu bezlitośnie zakłócony. Odkąd Chińczycy zamknęli przełęcz Kora La, minęło pół stulecia. Pięćdziesiąt lat zapomnienia, cichej walki o przetrwanie z dala od reszty świata. W 1992 roku Górny Mustang otworzył granice dla turystów i dawny szlak solny stopniowo zaczął się zmieniać w szlak turystyczny, z prostymi hotelami o obiecujących nazwach Hilton Inn czy Yak Plaza. Całkiem niedawno wzdłuż rzeki poprowadzono linię energetyczną i zbudowano pierwszą w Mustangu drogę dla pojazdów kołowych. W 2010 roku dotarcie z Pokhary do Kagbeni zajęło mi zaledwie cztery godziny, z czego dwadzieścia minut spędziłam na pokładzie niewielkiego samolotu lecącego na wysokości trzech tysięcy metrów nad poziomem morza. W 1964 roku na przebycie tego nieprzyjaznego odcinka wspinaczki po porośniętych dżunglą niższych piętrach Himalajów Michael Peissel potrzebował ponad dwóch tygodni. Ja wsiadłam do samolotu linii Tara Air w Pokharze o godzinie siódmej trzydzieści, a pół godziny później zjadłam śniadanie w Dżomosom, po czym niespiesznie ruszyłam w górę rzeki. Mimo to krzątanina, którą nazajutrz o poranku obserwowałam z hotelowej werandy, przypomniała mi historię kupca z Manangu gotowego ruszyć do Czechosłowacji po szklane koraliki. W mijanych po drodze do Kagbeni twarzach zapisana była cała historia solnego szlaku. Pomyślałam, że nawet jeśli opowieść o handlarzu marzycielu jest jedynie zmyśloną przez Peissela anegdotą, to dotyka czegoś, co działo się przez setki lat, po czym nagle zostało przerwane tylko dlatego, że świat przyspieszył, zaczął się układać na nowo, zamknął sztucznymi granicami plemienne terytoria, przerywając tym samym odwieczny krwiobieg niekończących się szlaków handlowych Azji, oddzielił kreskami na mapie orientalny Wschód od nowoczesnego Zachodu, surową Wyżynę Tybetańską od żyznych dolin nepalskich nizin. Widziałam ślady dawnej świetności, flagi modlitewne nadal powiewały na dachach domostw, młynki rytualne kręciły się, a siła ich nieustającego obrotu wzmacniała modły w niezmiennej nadziei na nieprzerwane błogosławieństwo opiekuńczych bóstw. Sceny, którym się przyglądałam, wydawały mi się jednak tylko namiastką przeszłości. Nie, nie dlatego że poganiacze zwierząt i tragarze porzucili tradycyjne czuby na rzecz dżinsów, ortalionowych kurtek i podrabianych adidasów. Nawet nie dlatego że ich stada zmierzające w górę rzeki przeciskały się między rozklekotanymi jeepami. Zastanawiałam się raczej, czy w ogóle można porównać wyprawę z turystami i ich ekwipunkiem z wielomiesięczną przeprawą po koraliki. Czy poganianie konia z amerykańską globtrotterką na grzbiecie, która marzy o tym, by zobaczyć stolicę zaginionego królestwa, to to samo, co gnanie karawany objuczonej towarami, bez których przetrwanie byłoby niemożliwe.

Operacja ST Circus,
czyli wielka polityka w Mustangu

Dziampaling Camp, obóz tybetańskich uchodźców, dwadzieścia parę kilometrów na południowy zachód od Pokhary

Na tarasie jednego z niedużych domków rozrzuconych jak klocki wśród tropikalnej zieleni drzemie starszy mężczyzna. Olbrzymi jak na nepalsko-tybetańskie standardy. Długie nogi nie mieszczą się na podnóżku rozkładanego fotela, nieruchomy korpus wystaje z oparcia. Duża, odchylona do tyłu głowa jest nieruchoma. Gdy idę w jego kierunku, myślę, że wygląda jak tybetański Goliat, który zamiast zginąć trafiony kamieniem, po prostu usnął wyczerpany upałem. Patrząc na niego z bliska, już wiem, że to nie kamień, ale udar unieruchomił go w takiej pozycji. Życie tli się jeszcze w jego wielkim ciele, ale nie dostrzega nawet, że ja, czyli ktoś zupełnie obcy, wchodzę na jego taras. Minęło prawie pięćdziesiąt lat, odkąd Karma Gjalcen mógł paręnaście godzin na dobę przemierzać konno pogranicze Mustangu i Chińskiej Republiki Ludowej, z którą prowadził walkę uzbrojony jedynie w stary karabin z II wojny światowej. W imię dharmy, wolnego Tybetu, Dalajlamy, spalonych klasztorów, zamordowanych mnichów, licząc na wsparcie wielkich tego świata.

Z daleka obóz wygląda jak kemping dla niemieckich turystów na południu Europy, z tą różnicą, że zamiast oleandrów rosną tam bananowce, bambusy i rododendrony. Niektórzy twierdzą, że miejsce to wybrano celowo. Khampowie, antychińscy rebelianci z tybetańskiej prowincji Kham, mieli nie wytrzymać zbyt długo w panujących na nizinach tropikalnych warunkach. Ci jednak, którzy pogodzili się ze swoim losem, przeżyli. Niektórzy nawet doczekali późnej starości i spędzają ją albo jak Karma Gjalcen zdani na opiekę najbliższych, albo w obozowym domu spokojnej starości.

Tutejszy dom seniora to przyjemne miejsce. Drzwi dwuosobowych sypialni wychodzą na obsadzone kwiatami podwórko, otoczone zacienionymi miejscami do siedzenia. Są tam duża kuchnia, wspólna jadalnia i sala modlitewna. Na pierwszym piętrze w pokoju numer trzy mieszka Sonam Thondup, którego brat należał do osobistej eskorty XIV Dalajlamy uciekającego z Norbulingki, letniej rezydencji tybetańskich władców. W 1962 roku Sonam brał udział w jednej z najbardziej spektakularnych akcji tybetańskiego ruchu oporu. Jego oddział zaatakował chiński konwój, w którym przewożono ściśle tajne dokumenty. Dzięki temu świat dowiedział się, że w czasie pacyfikacji powstania w Tybecie Środkowym, między październikiem 1959 a marcem 1960 roku, zginęło osiemdziesiąt siedem tysięcy osób, że na skutek głodu chińskie władze muszą się borykać z licznymi wewnętrznymi problemami, że między chińskim wojskiem a milicją ludową dochodzi do licznych napięć oraz że relacje między Moskwą a Pekinem się pogarszają. Sonam Thondup, opowiadając o tym mojemu tłumaczowi, nie przestaje obracać dużego młynka modlitewnego, a jego pomarszczonej, śniadej twarzy nie opuszcza wyraz dziecięcej prostoduszności. Bezzębny uśmiech znika, a ręka nieruchomieje dopiero wtedy, gdy ożywa następne wspomnienie. O pięciu chińskich żołnierzach, których sam powalił i zabił. Nie rozumiem, co mówi, ale z gestów domyślam się, że pokazuje, jak leżały ciała, które pozbawił życia. Po raz kolejny przekonuję się, że poczucie krzywdy i nienawiść, jak prawdziwa miłość, nie umierają nigdy. Zwłaszcza jeśli wmiesza się w nie wielka polityka.

Waszyngton

W 1959 roku szef Centralnej Agencji Wywiadowczej Allen Dulles, po raz pierwszy słuchając o tysiącach dzielnych Khampów walczących z Chińską Armią Ludowo-Wyzwoleńczą, nie był pewien, gdzie leży Tybet. Tak przynajmniej twierdzi jego podwładny John Greaney, opowiadając dziennikarce „Newsweeka” o swoim spotkaniu z przełożonym, do którego doszło dzień po ucieczce XIV Dalajlamy z Norbulingki[5]. W filmie dokumentalnym *The Shadow Circus. The CIA in Tibet* Greaney wspomina z kolei, jak kilkanaście miesięcy przed spotkaniem z Dullesem relacjonował amerykańskim generałom w Pentagonie przygotowania do operacji w Tybecie prowadzone przez niewielką komórkę CIA powołaną do tego celu kilka lat wcześniej. Twierdzi, że uczestnikom spotkania przypomniały się jedynie obrazy z *Zaginionego horyzontu*, a poza tym o Tybecie i jego problemach nie wiedzieli prawie nic.

Tak naprawdę jednak już w drugiej połowie lat czterdziestych XX wieku amerykańscy urzędnicy, a przynajmniej niektórzy z nich, mieli świadomość, że Tybet jest zagrożony utratą niezależności, a wizja komunistycznej armii Mao Zedonga przekraczającej jego granice wcale się Amerykanom nie podobała. Azja Środkowa, jak sama nazwa wskazuje, mogła bowiem okazać się centrum ewentualnej ofensywy lądowej na tym kontynencie lub stanowić bazę wojskową do przeprowadzenia takowej. Dowodzi tego choćby analiza sporządzona przy okazji wymiany kurtuazyjnych not dyplomatycznych przez *chargé d'affaires* przy ambasadzie w Indiach przesłana amerykańskiemu sekretarzowi stanu 13 stycznia 1947 roku[6].

Przesyłając ten dokument do Waszyngtonu, George R. Merrell sumiennie wypełnił swoje obowiązki. Od czasu zakończenia II wojny światowej dyplomacja amerykańska i służby wywiadowcze zdążyły się już pokaźnie rozrosnąć. Administracja Harry'ego S. Trumana uznała bowiem, że Amerykanie nie mają innego wyjścia, jak wziąć na swoje barki odpowiedzialność za losy „wolnego świata", w związku z czym obszar jej zainteresowań rozszerzał się tak szybko, jak szybko kolejne kryzysy na euroazjatyckiej scenie politycznej podnosiły temperaturę zimnej wojny. W monumentalnym gmachu Departamentu Stanu przy C Street w Waszyngtonie przybywało pokoi zajmowanych przez stale powiększające się biura do spraw poszczególnych rejonów świata. Zapadło wiele decyzji, które na długie lata przesądziły o przyszłości Turcji, Iranu, Syrii, Korei i innych, jeszcze do niedawna zupełnie egzotycznych dla Amerykanów krajów. W związku z tym, co działo się w Chinach, zainteresowanie, nawet jeśli umiarkowane, budziły także losy Tybetu.

Greaney miał rację w jednym. Wiedza o kraju rządzonym przez konserwatywnych lamów sprawujących władzę w imieniu nastoletniego chłopca istotnie była szczątkowa i jeśli na niższych politycznych szczeblach zdarzało się o nim rozmawiać, to tylko w odniesieniu do niepokojących Waszyngton wydarzeń w Azji i formułowanej wobec nich strategii.

W Krainie Śniegu

Dziś, gdy świat, a przynajmniej spora część jego mieszkańców, pochyla się nad losem Tybetańczyków i wielkim szacunkiem obdarza ich duchowego przywódcę, trudno uwierzyć, w jakiej izolacji politycznej pozostawał ten kraj,, jak bardzo w przededniu chińskiej inwazji kraj ten był zacofany i jak niewiele rządzący nim ludzie zrobili, by spróbować jej uniknąć. Budzi zdumienie to, o czym piszą nie tylko sam XIV Dalajlama w swojej biografii *My Land and My People* [Moja ziemia i mój naród] i jego starszy brat Gjalo Thondup we wspomnieniach spisanych wraz z Anne F. Thurston *Brat dalajlamy. Moja historia walki o Tybet*, ale także Heinrich Harrer w *Siedmiu latach w Tybecie* i jeszcze bardziej szczegółowo Stephan Talty w książce *Ucieczka z krainy wiecznego śniegu*. Zdumienie może okazać się jeszcze większe, jeśli uzmysłowimy sobie, że Tybet nie był przecież maleńkim królestwem ukrytym w jednej z himalajskich dolin, tylko olbrzymim, zasobnym w surowce naturalne państwem o długiej historii, za którego granicami od lat toczyły się imperialne zmagania wielkich politycznych graczy. Nad amerykańskim, europejskim i azjatyckim niebem latały samoloty, po drogach jeździły samochody, statki i okręty od ponad trzydziestu lat napędzane były silnikami spalinowymi, ludzie rozmawiali ze sobą przez telefon, rozwijał się system ubezpieczeń społecznych, reformowano szkolnictwo, a w fabrykach zbrojeniowych powstawała nowoczesna broń. W tym samym czasie podróż z jednego końca Tybetu na drugi wciąż zajmowała wiele miesięcy, większość ludzi nie umiała czytać ani pisać, kraj dziesiątkowały choroby, których na skutek braku dostępu do nowoczesnej medycyny nie potrafiono leczyć, a wszelkie przejawy nowoczesności, podobnie jak i próby wyjścia z politycznej izolacji oraz określenia suwerenności na arenie międzynarodowej podejmowane przez XIII Dalajlamę po upadku cesarstwa chińskiego były skutecznie zwalczane przez konserwatywny, bardzo wpływowy establishment wysokich lamów i arystokracji, który sam był pogrążony w wewnętrznych koteriach i walce o wpływy polityczne. Religijni hierarchowie argumentowali, że nowoczesność będzie się równała ateizmowi wyznawanemu przez *tendra*, wrogów dharmy. Trudno jednak nie odnieść wrażenia, że nade wszystko obawiali się oni, iż jej powiew obali dotychczasowy porządek.

Urodzony w 1935 roku mały Tenzin Gjaco, przyszły XIV Dalajlama, podobnie jak jego tkwiący w geopolitycznym niebycie kraj, także żył w odosobnieniu. Dorastał na siódmym, ostatnim piętrze pałacu Potala, olśniewającego arcydzieła siedemnastowiecznej architektury, które choć piękne i imponujące, było jednym z najmniej przyjaznych miejsc do życia. Kontakt chłopca ze światem sprowadzał się do obserwacji poddanych przez zainstalowany na dachu pałacu teleskop i przewodniczeniu ceremoniom, których wówczas jeszcze nie rozumiał. Źródłem wszelkich pobieranych przez niego nauk były stare buddyjskie teksty religijne i choć fascynowało go to, co działo się poza granicami Tybetu, aż do czasu spotkania z Harrerem właściwie nie miał okazji, by zaspokoić swoją ciekawość. Na świecie szalała jedna z najkrwawszych w dziejach ludzkości wojna, której koniec na nowo zdefiniował międzynarodowy porządek, a nastoletni Tenzin Gjaco dowiadywał się o tym z okładek magazynu „Life", docierającego do Lhasy z kilkumiesięcznym opóźnieniem. Kazał nawet przetłumaczyć na tybetański siedmiotomową historię zakończonego w 1945 roku konfliktu, ale gdyby nie Harrer, wydarzenia w niej opisane pozostałyby zupełnie niezrozumiałe dla młodego XIV Dalajlamy. Tłem jego dzieciństwa były ścienne pałacowe malowidła, na których ze złymi demonami zmagali się bodhisattwowie, tybetańskie mity nie opowiadały jednak o złowrogich ideologiach, machinie zagłady i niszczenia. Owszem, młody Tenzin zapewne musiał się stykać z ludzkim okrucieństwem choćby dlatego, że w świecie, w którym dorastał, do prac fizycznych nadal wykorzystywano niewolników, a za nieposłuszeństwo stosowano drastyczne kary cielesne. Równocześnie życie każdej istoty, będącej wszak inkarnacją jakiejś innej, należało chronić. Austriacki himalaista wspomina, jak zimą, gdy woda zamarzała, rozbijano przerębel, dzięki czemu ryby mogły przetrwać, z wysychających kałuż wybierano żyjątka i przenoszono je w dogodniejsze miejsce, a na czas trzyletniej medytacji regenta wstrzymano wszelkie prace budowlane, jako że w ich trakcie śmierć małych stworzeń byłaby nie do uniknięcia.

Do czasu osiągnięcia przez XIV Dalajlamę pełnoletności władzę w jego imieniu sprawowali kolejno dwaj regenci stojący na czele kaszagu, tybetańskiego rządu. Mimo zewnętrznego zagrożenia wewnętrzne podziały polityczne, intrygi i walka o władzę wciąż nie pozwalały na prowadzenie spójnej polityki zarówno w kwestii reform wewnętrznych, jak i sojuszy zagranicznych. W czasie II wojny światowej w Lhasie obóz popierający porozumienie z rządzącymi Indiami Brytyjczykami ścierał się ze zwolennikami sojuszu z Chinami, który w ich opinii miał nadal stanowić gwarancję bezpiecznego trwania Tybetu na środkowoazjatyckiej scenie politycznej. Wyraziciele takiego poglądu nie przewidzieli jednak jednego. Chiny, z których pomocą chcieli utrzymać *status quo*, ostatecznie okazały się Chinami nie Czang Kaj-szeka, tylko Mao Zedonga.

Gdy stało się już jasne, że Chińska Armia Ludowo-Wyzwoleńcza przywiedzie Mao do zwycięstwa, z Delhi i z Londynu przesłano zapytanie, jak rząd w Lhasie zamierza zareagować na nieuchronne powołanie nowego komunistycznego rządu w Pekinie. Pytania te nie mogły jednak trafić do adresatów oficjalnymi kanałami. Tybet nie posiadał bowiem żadnego oficjalnego przedstawicielstwa nawet w Indiach, a co dopiero w Wielkiej Brytanii. Trafiły więc do przebywającego wówczas w Kalkucie Gjalo Thondupa, starszego brata XIV Dalajlamy, który przywołuje te wydarzenia w swoich wspomnieniach. Brytyjczycy, sami stojąc na wielkim historycznym zakręcie, nie mieli Tybetowi wiele do zaoferowania. Natomiast pierwszy premier niepodległych Indii Jawaharlal Nehru ponoć wyrażał szczerą sympatię do Tybetu i choć uważał, że Mao Zedong nie dał dotychczas jednoznacznego sygnału, iż zamierza wkroczyć na terytorium południowego sąsiada, przekonywał, by Tybetańczycy byli gotowi na taką możliwość. Nalegał na mobilizację tybetańskiej armii i oferował pomoc wojskową. Kilka miesięcy później zasugerował także, by rząd w Lhasie rozważył ewakuację najcenniejszych rękopisów i relikwii z klasztorów wschodniego Tybetu.

W końcu także i amerykański ambasador w Indiach skontaktował się z bratem XIV Dalajlamy. Loy Henderson był klasycznym przykładem zimnowojennego dyplomaty z czasów polityki powstrzymywania. Kilka miesięcy, które spędził na stanowisku *chargé d'affaires* w ambasadzie USA w Moskwie pod koniec lat trzydziestych, nauczyło go, jak wyglądają realia komunistycznych reżimów oraz czym kończą się imperialne zapędy totalitarnych przywódców. Wiedział więc doskonale, jaki los może spotkać Tybet. W odniesieniu do napiętych wydarzeń w Azji ostrzegał jednak swoich zwierzchników w Departamencie Stanu przed składaniem pochopnych deklaracji odnośnie do rozmiaru i kształtu oficjalnej pomocy temu krajowi ze strony Stanów Zjednoczonych[7].

Wszystkie te informacje, deklaracje i przestrogi dotarły do Lhasy. Żadna jednak nie spotkała się z jakąkolwiek reakcją. Konserwatywny establishment niezmiennie tkwił w wewnętrznych koteriach, święcie wierząc, że Chińczycy nie zdecydują się wkroczyć do ich kraju. Na wszelki wypadek jednak, o czym w swoich wspomnieniach pisze Harrer, w celu przygotowania dyplomatycznego zaplecza dla ewentualnych przyszłych działań postanowiono wysłać w podróż po świecie czterech postępowych i wykształconych urzędników z Lhasy. Z wydanymi na tę okoliczność pierwszymi w historii Tybetu paszportami dyplomatycznymi, przyodziani w zachodnie stroje ufundowane przez tybetański rząd, ze słabym angielskim, ale za to z jedwabnymi szatami na specjalne okazje, ruszyli przez Indie, Chiny i Filipiny do San Francisco, by na koniec dotrzeć do Europy. Cała ich podróż trwała prawie dwa lata, kiedy więc wrócili, upłynął prawie rok od momentu, w którym Mao Zedong z Bramy Niebiańskiego Spokoju ogłosił powstanie Chińskiej Republiki Ludowej, a po kilku miesiącach dodał, że kolejnym celem jego armii będzie „wyzwolenie" braci z Tybetu. W Lhasie jednak czwórce delegatów zgotowano wielce uroczyste powitanie, a opowieściom i przyjęciom nie było końca.

Wiosną 1950 roku nowy indyjski konsul generalny w Lhasie po raz kolejny zasugerował tybetańskiemu rządowi, by ten niezwłocznie ogłosił mobilizację. Nalegał także na natychmiastowe rozpoczęcie budowy pasa startowego w pobliżu klasztorów Sera i Drepung, dzięki czemu niezbędne dostawy broni mogłyby błyskawicznie znaleźć się na miejscu. Jak twierdzi Gjalo Thondup, ministrowie, z którymi konsul rozmawiał, zapewnili go wówczas, że choć nie wierzą, by Chińczycy zdecydowali się najechać ich górzysty kraj, to jednak pewne działania w kwestii przygotowania się do odparcia tego mało prawdopodobnego ataku zostały przedsięwzięte. Indyjski konsul odniósł jednak wrażenie, że jego wysokiej rangi rozmówcy bardziej niż na mobilizacji i unowocześnieniu zacofanej armii skupieni byli na innym wydarzeniu. Ważniejsza od całej światowej polityki wydawała się tradycyjna pielgrzymka XIV Dalajlamy do klasztorów, nieopodal których miał właśnie powstać pas startowy dla samolotów, a jego budowa mogłaby tę ceremonię poważnie zakłócić.

Pasa startowego nie zbudowano, ale tradycji stało się zadość. Piętnastoletni Dalajlama zdążył odwiedzić obydwie świątynie. W orszakach idących za jego palankinem kroczyli wszyscy notable i odświętnie ubrana arystokracja otoczona służbą, a opaci wraz z całą świtą oczekiwali na wielkiego gościa u klasztornych wrót. Najważniejsze świętości zostały wyniesione na zewnątrz, na dachach powiewały nowe flagi modlitewne, dziedzińce lśniły czystością. Uroczystości przebiegły z troską o każdy detal, a wszystko odbyło się dokładnie tak jak przez minione stulecia. Dalajlama odczytał odpowiednie fragmenty świętych ksiąg, przeprowadził dysputę z przeorami, a całość jak zawsze zakończyła się wielogodzinną modlitwą. Kilka miesięcy później około dwudziestu tysięcy wyszkolonych i dobrze uzbrojonych żołnierzy Chińskiej Armii Ludowo-Wyzwoleńczej przekroczyło rzekę Driczu i ruszyło w kierunku Czamdo, stolicy prowincji Kham.

Najazd

Mao Zedong osiągnął swój cel. Przesunięcie granicy z rzeki Jangcy na Himalaje oznaczało, że uzyskał naturalny bufor bezpieczeństwa chroniący Chiny przed atakiem wojsk lądowych przemieszczających się z południowego zachodu, od strony Indii i Pakistanu. Bez aneksji rozległych terytoriów Tybetu, na wpół dzikich, mało zaludnionych, o nieprzyjaznym klimacie, ale za to arcybogatych w surowce naturalne, wizja wielkich Chin nie mogła zostać urzeczywistniona. Hasła o wyzwoleniu, pod jakimi Chińska Armia Ludowo-Wyzwoleńcza przekroczyła granicę z Tybetem, miały jedynie propagandowe znaczenie. Chodziło o zwycięstwo, które miało służyć Mao Zedongowi w prowadzeniu bezwzględnej polityki, zarówno wewnętrznej, jak i zagranicznej.

Oddziały tybetańskiej armii stacjonujące w Czamdo oddały miasto po zaledwie sześciu dniach. Khampów, którzy samodzielnie próbowali stawić czoło najeźdźcy, pozostawiono własnemu losowi, a gubernator zdezerterował z placu boju. Thondup pisze, że w czasie gdy rozgrywały się te pierwsze dramatyczne wydarzenia, członkowie kaszagu byli zajęci dorocznym, obchodzonym z wielką pompą piknikiem. Gdy wreszcie skończyli biesiadować, a wiadomość o porażce dotarła do Lhasy, ministrowie postanowili przede wszystkim duchowo uzbroić swoich poddanych. Harrer także pamięta, że mnisi otrzymali instrukcje, by niepiśmiennej ludności na głos odczytywać najważniejsze teksty religijne. Pisze również o tym, że na szczytach świętych gór rozpalono ogniska, najświętsze relikwie wydobyto na zewnątrz klasztorów, zawieszono nowe flagi modlitewne, a w każdym zakątku kraju pojawiły się dodatkowe rzędy młynków modlitewnych. Członkowie kaszagu nie rozumieli jednak geopolitycznych uwarunkowań, które stały za inwazją Mao i żądaniem prawa do rozmieszczenia chińskich oddziałów na terytorium tybetańskim.

W takich okolicznościach XIV Dalajlama, trzy lata wcześniej niż zakładała tradycja, objął pełnię władzy politycznej nad upadającym krajem. Chińczycy nalegali na zawarcie porozumienia, które *de facto* nie oznaczało nic innego jak zgodę Tybetu na zaistniały stan rzeczy. Pod koniec września 1951 roku tekst siedemnastopunktowego porozumienia o pokojowym wyzwoleniu Tybetu trafił pod obrady Tybetańskiego Zgromadzenia Narodowego w Lhasie, zwoływanego zresztą jedynie w sytuacjach krytycznych. Punkty siódmy i trzeci ugody gwarantowały XIV Dalajlamie utrzymanie dotychczasowego statusu, a jego poddanym zachowanie prawa do

„wszelkich przekonań, obrzędów i zwyczajów religijnych". Pozostałe zapisy w sposób jednoznaczny pozostawiały kwestie polityki zagranicznej i wewnętrznej Tybetu w rękach rządu w Pekinie. Mimo to większość członków Tybetańskiego Zgromadzenia Narodowego poczuło się na tyle uspokojonych gwarancją swobód religijnych, że zagłosowało za przyjęciem porozumienia, dla pewności ostateczną decyzję pozostawiając wróżbie, o czym pisze wielu autorów opisujących te dramatyczne dla Tybetu chwile. Do misy włożono dwie kule ulepione z campy, zmielonej na pył mąki jęczmiennej. W jednej była karta na „tak", w drugiej na „nie". Naczyniem kręcono dopóty, dopóki jedna z kul nie wypadła na zewnątrz. Wyskoczyła ta na „tak". Kilka dni później przewodniczący Mao otrzymał podpisany przez XIV Dalajlamę list, w którym mógł przeczytać, iż rząd w Lhasie poparł porozumienie oraz zobowiązuje się „pod kierownictwem przewodniczącego i Centralnego Rządu Ludowego wspierać Armię Ludowo-Wyzwoleńczą w Tybecie w konsolidowaniu obrony narodowej, rugowaniu wpływów imperialistycznych, zapewnieniu unifikacji terytorium i bronieniu suwerenności Ojczyzny". Przewodniczącego z pewnością nie zaskoczyła ta deklaracja. Autorem tych słów był posłuszny generał Zhang Jingwu, delegowany do Lhasy w charakterze przedstawiciela chińskich władz[8].

Pierwszy kontyngent Chińskiej Armii Ludowo-Wyzwoleńczej przybył do Lhasy już pod koniec 1951 roku. Początkowo żołnierze, jak im nakazał przewodniczący Mao, tylko zadomawiali się w zaanektowanym kraju. Szybko jednak nowy reżim wyzbył się skrupułów i zaczął brutalnie ingerować we wszystkie aspekty tybetańskiego życia, szczególnie skupiając się na tym, co stanowiło jego trzon, czyli na religii, klasztorach i mnichach. Spontaniczny opór zwykłych, bezimiennych Tybetańczyków narastał, ale wydarzenia toczyły się w określonym przez Pekin kierunku. Ostatni ich epizod rozegrał się pod letnią rezydencją XIV Dalajlamy w połowie marca 1958 roku. Chińczycy postanowili ostatecznie stłumić wszelkie przejawy tybetańskiego buntu, a przy okazji zapewne pozbyć się człowieka, który pod wpływem doświadczeń przeżytych w ciągu minionych ośmiu lat z nastoletniego chłopca zmienił się w duchowego przywódcę narodu. Wśród mieszkańców Lhasy i okolic rozeszła się wiadomość o zaproszeniu Jego Świątobliwości na występy artystyczne do chińskiego sztabu, a ponieważ XIV Dalajlama miał pojawić się na nich jedynie w asyście szefa ochrony, bez zwyczajowej straży, Tybetańczycy uznali zaproszenie za pułapkę. Od wczesnych godzin rannych w dniu zapowiedzianego przedstawienia przed Norbulingką gęstniał tłum poddanych gotowych powstrzymać XIV Dalajlamę przed udaniem się na chińskie uroczystości. Napięcie rosło z dnia na dzień, między sztabem a pałacem krążyli posłańcy, a zebrani Tybetańczycy coraz głośniej domagali się zerwania siedemnastopunktowego porozumienia z 1951 roku. 16 marca pod obleganą rezydencję dotarły doniesienia o ruchach chińskich oddziałów w Lhasie, co potraktowano jako zapowiedź ataku na pałac i samego XIV Dalajlamę. Parę godzin później rozległy się pierwsze strzały, po których nikt z najbliższego otoczenia Jego Świątobliwości nie miał już złudzeń co do dalszego rozwoju wypadków. Pod osłoną nocy, w przebraniu zwykłego mnicha XIV Dalajlama opuścił pałac. Jak się miało okazać, na zawsze.

Dobrzy i źli

Loy Henderson, pierwsza osoba, która w imieniu amerykańskiej administracji zaproponowała tybetańskiemu rządowi wsparcie, od dawna nie był już ambasadorem w Indiach, ale administracja Dwighta D. Eisenhowera, na wielu frontach i różnymi metodami dziarsko podejmując walkę z komunizmem, w końcu na poważnie zainteresowała się także Tybetem. American Committee for Free Asia (Amerykański Komitet na rzecz Wolnej Azji), który później przekształcił się w The Asian Foundation (Fundacja na rzecz Azji) i na którego zaproszenie najstarszy brat XIV Dalajlamy Norbu znalazł się w Stanach Zjednoczonych, nie był niczym innym, jak komórką Centralnej Agencji Wywiadowczej. Pobyt Norbu w Wirginii stanowił doskonałą sposobność, by agencja i Departament Stanu dowiedzieli się więcej o sytuacji Tybetu po podpisaniu wymuszonego porozumienia. Agenci CIA kontaktowali się także z drugim bratem XIV Dalajlamy Gjalo Thondupem, przebywającym już wówczas na wygnaniu w Indiach, skąd o brutalnych poczynaniach Chińskiej

Armii Ludowo-Wyzwoleńczej we wschodnim Tybecie napisał nawet list do prezydenta Eisenhowera. Co prawda nie otrzymał na niego oficjalnej odpowiedzi, ale informacje, które chciał nagłośnić, dotarły tam gdzie trzeba. Pod koniec 1955 roku amerykański prezydent podpisał tajną dyrektywę Rady Bezpieczeństwa Narodowego o sygnaturze 5412/2 o roli agencji w amerykańskiej polityce powstrzymywania. CIA miała zajmować się „stwarzaniem problemów międzynarodowemu komunizmowi [...], utrudnianiem utrzymania przez komunistyczną władzę kontroli w ZSRR, w komunistycznych Chinach oraz w ich państwach satelickich, dyskredytowaniem pozycji oraz ideologii międzynarodowego komunizmu [...], a poza tym zbudowaniem podziemnego ruchu oporu i umożliwianiem tajnych operacji powstańczych”[9]. W tym samym czasie, jak twierdzi uczestnik spotkań poświęconych tajnej operacji w Tybecie, Far East Bureau (Biuro do spraw Dalekiego Wschodu), komórka odpowiedzialna za Azję Wschodnią w Departamencie Stanu, sporządziło szczegółowy, ściśle tajny raport o wydarzeniach opisywanych przez Thondupa, a Allen Dulles, szef CIA, wreszcie się dowiedział, gdzie jest Tybet oraz że pomimo wielu przeciwności i braku odpowiedniego sprzętu dzielni bojownicy pod przywództwem Andruka Gonpo Tasziego, charyzmatycznego i zamożnego kupca z prowincji Kham, podjęli walkę z chińskimi żołnierzami i byli gotowi bić się z nimi nawet gołymi rękami[10].

Khampowie od zawsze uznawani byli za bojowników słynących z męstwa i bitności. Historia ich bratobójczych walk pomiędzy poszczególnymi plemionami przez wieki zdążyła obrosnąć budzącą grozę legendą. W Tybecie mówiono, że wrogość i chęć dokonania zemsty na przeciwniku przekazywali sobie z pokolenia na pokolenie. Jeśli Khampa decydował się ścigać wroga, robił to bezwzględnie i do skutku, na koniec wieszając jego ciało na dachu swojego domu. Amerykanie potrzebowali takich wojowników. Po tym jak w Europie upadła stłumiona przez Rosjan rewolucja węgierska, kryzys sueski nadwerężył wizerunek Zachodu na Bliskim Wschodzie, a Jawaharlal Nehru zamiast strzec amerykańskich interesów w regionie, stanął na czele ruchu państw niezaangażowanych, polityka powstrzymywania komunizmu musiała dostosować się do nowych okoliczności. Eisenhower po raz drugi zwyciężył w wyborach prezydenckich, po czym zdołał przekonać większość Kongresu do poparcia zwiększenia amerykańskiego zaangażowania „w krajach bezpośrednio zagrożonych atakiem komunistycznych imperiów". I choć Tybet nie znalazł się na liście amerykańskich priorytetów, John Hoskins, agent CIA zainstalowany w Kalkucie, dostał zielone światło, by złożyć wreszcie konkretną ofertę pomocy Gjalo Thondupowi[11].

Liczba werbowanych przez Andruka Gonpo Tasziego Khampów rosła z tygodnia na tydzień. Ci, którzy przywykli do tego, by siać strach wśród pielgrzymów i rabować kupieckie karawany, stali ponad prawem lub ustanawiali własne i nie zawsze, a jeśli już, to niechętnie, uznawali decyzje podejmowane przez władze w Lhasie, z dnia na dzień stawali się żołnierzami ruchu oporu, który do historii przeszedł jako Czusi Gangdruk, czyli „Cztery Rzeki, Sześć Pasm", co było dawną nazwą ich prowincji. Gotowi byli walczyć bez względu na cenę, jaką przyszłoby im za to zapłacić.

– W tej walce chodziło o honor i wolność naszej ojczyzny. Chodziło o zemstę za to, co zrobili nam Chińczycy. Byłem gotów bić się z nimi na śmierć i życie. Nawet religia, miłość do pokoju i szacunek dla żywych istot nie były w stanie poskromić tych emocji. – Siedemdziesięciodziewięcioletni Sonam Dordzie, wtedy niespełna dwudziestoletni chłopak, dziś pensjonariusz domu seniora w Dziampaling Camp, pamięta wszystko. To znaczy wszystko, co wydarzyło się po tym, jak do jego wioski w zachodnim Kham weszły chińskie oddziały, bo mam wrażenie, że tego, co zdarzyło się wczoraj lub przedwczoraj w obozowym domu starców, nawet nie stara się zapamiętywać. – Gdy dotarła do nas wiadomość, że kupiec z Litangu organizuje rebelię przeciwko Chińczykom, od razu chciałem się zapisać. Andruk Gonpo Taszi stwierdził jednak, że jestem za młody, i zdecydował najpierw wysłać mnie do szkoły w Indiach. Ale ja chciałem się bić.

Operacja ST Circus

Książka *The CIA's Secret War in Tibet* Kennetha Conboya i Jamesa Morrisona, którzy sprawnie poruszają się po ujawnionych pod koniec XX wieku dokumentach, relacjonuje dalszy rozwój wydarzeń. W 1957 roku CIA postanowiła zorganizować partyzantom z Kham szkolenie techniczne i bojowe oraz wesprzeć ich sprzętem wojskowym. I chociaż ani XIV Dalajlama, ani żaden z członków kaszagu nie wystąpili z oficjalną prośbą o pomoc dla ruchu oporu, operacja o kryptonimie ST Circus ruszyła. Już późnym latem pierwsza grupa zdążyła opuścić obóz treningowy na oddalonej od reszty świata wyspie Saipan na Oceanie Spokojnym. Druga szykowała się do wylotu do Stanów Zjednoczonych do tajnego obozu w Górach Skalistych. W trakcie szkolenia partyzanci nabyli zapewne wiele pożytecznych umiejętności. Najpierw jednak po raz pierwszy usłyszeli o tym, że dzień składa się z dwudziestu czterech godzin, a nie ze zmierzchu i świtu, oraz że informacje można nadawać za pomocą „podniebnego druta" (słowo „antena" nie istniało w języku tybetańskim), a oni sami do kraju wrócą „podniebną łodzią" (samolotem). Stephan Talty pisze, że nim znaleźli się z powrotem w Tybecie, gdzie z dnia na dzień przybywało zdesperowanych mężczyzn wstępujących w szeregi Czusi Gangdruk, wyposażono ich w podstawowy sprzęt radiotelegraficzny, lornetki, kilka sztuk lekkiej broni, niewielki zapas amunicji oraz fotografię Dwighta D. Eisenhowera z jego własnoręcznym podpisem oraz specjalną dedykacją: „Dla moich przyjaciół Tybetańczyków". Może dlatego wierzyli, że armia amerykańska wyląduje w końcu w Tybecie, a jeśli nie, to przynajmniej dostarczy im bombę atomową, a już na pewno nową broń, o której słyszeli – lustra wysyłające promienie, od których znienawidzeni Chińczycy będą masowo ginąć[12].

Rok później partyzantom, dowodzonym przez Khampów wyszkolonych przez instruktorów CIA w Górach Skalistych, udało się wyprzeć Chińczyków z niemal całego południowego Tybetu. To dlatego Pekin postanowił w końcu ostatecznie rozprawić się zarówno z nimi, jak i z ich przywódcą i całym tybetańskim establishmentem. Po ucieczce XIV Dalajlamy rozpoczęła się szybka i skuteczna pacyfikacja Lhasy, a tysiące Tybetańczyków ruszyło za swoim duchowym przywódcą. Zbuntowani Khampowie również, choć nie tak szybko. Minęło kilka miesięcy, nim zostali zmuszeni uznać swoją porażkę, a Chińczykom udało się odzyskać kontrolę nad obszarami zdobytymi wcześniej przez oddziały Andruka Gonpo Tasziego. Wygrali mnóstwo bitew i trzymali się dopóty, dopóki było to możliwe. Ich przyjaciel Eisenhower nie wysłał jednak do Tybetu amerykańskich żołnierzy, nie dostarczył też nowoczesnej broni, na którą niecierpliwie czekano. Zrzuty starych karabinów następowały nieregularnie i było ich zbyt mało, by partyzanci, w przeważającej części uzbrojeni w noże i kamienie, mogli kontynuować walkę z przeciwnikiem, którego były tysiące, a kolejne tysiące czekały w bojowej gotowości. Wielu z przeszkolonych przez CIA rebeliantów zginęło lub zostało skazanych na dożywotnie więzienie i tortury. Ci, którzy przeżyli, nie chcieli jednak zakopywać radioodbiorników ani składać broni. Wszak ślubowali, iż w każdej bitwie będą walczyć aż do ostatniego żołnierza.

Mustang

I właśnie wtedy wielka polityka wkroczyła do Mustangu. Andruk Gonpo Taszi miał nadzieję, że ci, którym udało się przedostać do Indii, będą mogli kontynuować antychińską rebelię. W końcu tybetańscy szpiedzy służyli w indyjskiej armii jeszcze za czasów brytyjskich, poza tym po ucieczce XIV Dalajlamy relacje między Delhi a Pekinem stawały się coraz bardziej napięte. Nie tylko dlatego że Nehru zgodził się udzielić politycznego azylu Jego Świątobliwości, ale przede wszystkim z powodu sporów granicznych między obydwoma państwami w rejonie zachodnich Himalajów. Biuro Wywiadu Indyjskiego naciskało na członków rządu w Delhi, by z uciekających Khampów utworzyć jednostkę sił specjalnych, której zadaniem byłaby ochrona spornych terytoriów. Wybuch wojny chińsko-indyjskiej w 1962 roku przyspieszył tę decyzję. Pięć tysięcy Khampów zostało wcielonych do indyjskiej armii, tworząc jej najbardziej elitarną formację szkoloną przez oficerów wywiadu indyjskiego i amerykańskiego. Najpierw jednak, jak piszą Conboy i Morrison, po tajnych negocjacjach z królem Nepalu zapadła decyzja o założeniu bazy partyzanckiej w zamkniętym dla obcych i ukrytym za masywami ośmiotysięczników Mustangu. CIA zaproponowała, by w operacji wzięło udział maksymalnie tysiąc byłych powstańców.

Andruk Gonpo Taszi i Gjalo Thondup nie musieli długo czekać na odzew. Na wieść o tym, że walka, którą prowadzili, może być kontynuowana, młodzi Tybetańczycy nie dziesiątkami, jak zakładali Amerykanie, ale setkami ruszyli do Mustangu. Zamiast planowanego tysiąca w Górnym Mustangu wylądowało ponad dwa tysiące rekrutów w imię zemsty gotowych na każde poświęcenie, byle tylko ich walka na śmierć i życie mogła trwać.

Sonam Dordzie ciężko podnosi się ze zdezelowanego, plastikowego krzesła i z jeszcze większym trudem pochyla nad blatem stołu, przy którym siedzimy na podwórku obozowego domu starców. Robi to tylko po to, by delikatnie przełożyć osę z przetrąconym skrzydłem na trawę.

– Najgorszy był głód. Na dziesięciu mężczyzn mieliśmy dziennie pół kilo ryżu. Albo inaczej: pół rupii na głowę. Tyle wynosiła pomoc od Amerykanów. Zresztą nawet gdybyśmy mieli więcej pieniędzy, niewiele mogliśmy kupić. Chińczycy zamknęli przejścia graniczne na przełęczach Kora La i Sijaba La, a przecież ryż i prawie wszystko inne trafiało do Mustangu albo z Indii, albo z Tybetu. W wiosce, obok której ukrywał się mój oddział, ludzie jedli ryż tylko z okazji Losar, tybetańskiego Nowego Roku. Byli znacznie biedniejsi niż w Tybecie. Mieli mniej koni i jaków, dlatego mięso też było luksusem. Pamiętam, że jedliśmy je bardzo rzadko. Spaliśmy najczęściej w jaskiniach, w których zimą prawie zamarzaliśmy. Brakowało nam broni. Właściwie to wszystkiego nam brakowało, ale… – Nie kończy, uśmiecha się. Osa szczęśliwie wylądowała na trawie.

Przypomniała mi się opowieść Harrera o tym, jak w Lhasie przez kilka dni przenoszono w bezpieczne miejsce robactwo z ziemi, na której miała stanąć sala kinowa dalajlamy. Minęło zaledwie kilka lat, a ten świat zupełnie przestał istnieć. Przynajmniej w wymiarze materialnym. Świętości zostały zbezczeszczone, klasztory zniszczone, historia przyspieszyła. Nawet mnisi zostawali żołnierzami.

Ngawang Sangpo, dziś także mieszkaniec obozu Dziampaling, w dzieciństwie całymi godzinami uczył się recytacji niekończących się mantr w jednej ze świątyń w pobliżu góry Kajlas.

– Przez pięć lat studiowałem święte księgi. Starsi lamowie wróżyli mi dobrą przyszłość. Podobno mogłem wysoko zajść w klasztornej hierarchii, a to z pewnością poprawiłoby byt mojej rodziny. Wszystko jednak ułożyło się inaczej, choć długo wierzyłem, że Chińczycy nie zniszczą naszego kraju. Wierzyłem nawet wtedy, gdy z innymi mnichami uciekaliśmy z naszego klasztoru. Najbliżej mieliśmy do Lo Manthangu. Król Mustangu obiecał dać nam schronienie. To tam dowiedziałam się, że Czusi Gangdruk nie złożyło broni. Nikt nie mówił nam, że stoją za tym Amerykanie. Zresztą z nimi czy bez nich bilibyśmy się i tak.

Oddział Ngawanga ukrywał się w pobliżu Lo Gekaru, najstarszej gompy w Mustangu, gdzie Padmasambhawa pokonał demona.

– My także walczyliśmy z demonem, tylko potężniejszym. Mustang był mniejszy, bardziej zacofany, ale przypominał nam Tybet. No i był prawie pusty. Łatwiej mogliśmy znaleźć schronienie, a Chińczycy nie kontrolowali wszystkich ścieżek, które, o czym wiedzieliśmy, prowadziły na drugą stronę granicy.

Na zwiad ruszali zawsze nocą, na wszelki wypadek dwójkami, i żeby uniknąć spotkania z chińskimi patrolami, wybierali najbardziej karkołomne zjazdy, a jeśli mieli przekraczać rzekę, to w najgłębszym miejscu. Szukali stad dzikich zwierząt, by kurz spod ich kopyt osłaniał ich w razie ewentualnego pościgu. Ngawang nie pamięta, czy marzyli o zwycięstwie, czy bali się przegranej. Myśleli o wojnie, którą muszą prowadzić w imię utraconej ojczyzny.

Wspomnienia Monlama z wioski Czungpa w zachodniej części Kham, w roku 1960 dowódcy trzeciego oddziału powstańców odpowiedzialnego za przepływ informacji i uzbrojenia, dziś lokatora pokoju numer cztery na pierwszym piętrze domu seniora, są podobne:

– Prawie wszyscy z mojego klasztoru w północnym Kham zginęli. Nie mogłem, po prostu nie mogłem dalej być mnichem. Widziałem ciała swoich braci całe we krwi i czułem, że zaczyna się czas wojny. Tak! Biłem się i byłem z tego dumny.

Jego dziewięćdziesięciotrzyletnie ciało ożywia się, gdy zaczyna wspominać brawurowe kurierskie wyczyny, a jeszcze bardziej wtedy, kiedy przechodzi do opowieści o zasadzce, w której udało mu się pozbawić życia kilkunastu Chińczyków. Mój dziadek, partyzant z Kresów, tak samo chętnie opowiadał, jak to Niemcy „bali się iść z Polakami na bagnety", bo odwaga „naszych chłopców" tak ich onieśmielała. Monlam mówi o zabitych Chińczykach z takim samym wyrazem twarzy.

Nagranie

Khampowie sprawdzili się w roli szpiegów. Potrafili zdezorganizować ruch chińskich ciężarówek na drodze między Lhasą a Sinkiangiem oraz zdobyli wiele cennych informacji wywiadowczych, podpinając urządzenia podsłuchowe do linii telefonicznych i prowadząc nasłuch łączności radiowej, a najbardziej brawurową ze zorganizowanych przez nich akcji była napaść na ciężarówkę z tajnym biuletynem operacyjnym Chińskiej Armii Ludowo-Wyzwoleńczej przeznaczonym wyłącznie dla wyższego dowództwa w Pekinie, w której uczestniczył Sonam Thondup. Wszyscy wyżej wspomniani autorzy publikacji na ten temat przyznają, że podobno amerykański wywiad wysoko ocenił tę zdobycz. Zwiększono nawet budżet całej operacji. W 1964 roku Amerykanie przekazali ruchowi oporu, łącznie z kosztami szkoleń wojskowych i subsydiami przeznaczonymi dla Dalajlamy i rządu na uchodźstwie, prawie dwa miliony dolarów. Trzy lata później kwotę wypłacaną corocznie ukrywającym się w Mustangu rebeliantom znacznie jednak pomniejszono, a w 1969 wsparcie ustało zupełnie. Wielka polityka rządzi się wszak swoimi prawami. Richard Nixon wygrał wybory prezydenckie, a jego doradcą do spraw bezpieczeństwa narodowego został Henry Kissinger. Od połowy lat sześćdziesiątych wiadomo było, że Chiny dysponują bronią nuklearną. Wiadomo było także, że od śmierci Stalina relacje na linii Pekin–Moskwa stale się pogarszają i że widmo konfliktu zbrojnego staje się coraz bardziej realne. Strona amerykańska chciała skorzystać na tej wrogości, o czym pisze Kissinger, główny sprawca zbliżenia Stanów Zjednoczonych z Chinami, w swojej książce *O Chinach*. Amerykanie nie chcieli jednak dopuścić, by napięcie między potężnymi sąsiadami doprowadziło do kryzysu nuklearnego, który oceniali jako zbyt ryzykowny. Nowy prezydent i jego doradca postanowili nawiązać dialog z Mao Zedongiem, a odpowiedź na te nieoficjalne jeszcze wówczas starania brzmiała zachęcająco. Strona chińska była gotowa przystąpić do rozmów, postawiła jednak dwa warunki: Waszyngton miał zerwać stosunki dyplomatyczne z Tajwanem oraz wstrzymać wszelkie kontakty i wszelką pomoc dla tybetańskiego ruchu oporu. I taką też decyzję podjęła nowa administracja. „Braci Tybetańczyków" pozostawiono samym sobie. Ich działalność tliła się jeszcze dzięki wsparciu z Indii, ale tak naprawdę nikomu nie była już potrzebna. W końcu nawet rząd Nepalu opowiedział się przeciwko nim. Mao Zedong wiedział, jakich argumentów użyć przeciwko przywódcy jednego z najbiedniejszych krajów regionu, by nowy następca nepalskiego tronu, król Birendra, podjął decyzję o zamknięciu bazy w Mustangu.

W lipcu 1974 roku do ukrywających się w Mustangu rebeliantów dotarło dwudziestominutowe nagranie z osobistym apelem Dalajlamy, by złożyli broń, a właściwie dali się rozbroić nepalskim żołnierzom i poszukali pokojowego sposobu na osiągnięcie postawionych sobie celów.

– Płakałem, słysząc głos Jego Świątobliwości, wszyscy płakaliśmy. Ukrywałem się w Mustangu dziewięć lat i dla tej walki porzuciłem wszystko. Nagle okazało się, że z dnia na dzień muszę stłumić potrzebę zemsty za to całe zło, które nas spotkało. Nie, nie od razu się z tym pogodziłem, ale rozkaz Dalajlamy był święty.

Kiedy Pelsang Tsering uciekał z bombardowanego klasztoru, miał dwadzieścia dwa lata. Najpierw dołączył do żołnierzy ochraniających uchodzącego XIV Dalajlamę, później z Indii przedostał się do Mustangu. Trzech jego kompanów z oddziału na wieść o tym, że powstanie zostaje zakończone i że muszą się poddać, odebrało sobie życie, Pelsang podporządkował się jednak woli Jego Świątobliwości. Jak wielu innych, najpierw trafił do więzienia Sjangdźa, gdzie osadzono większość Khampów walczących z ChRL. To była pokazowa akcja, która miała zadowolić pekińskie władze. W odróżnieniu od głównych przywódców powstania, którzy albo zginęli z rąk nepalskich żołnierzy w trakcie próby przedostania się do Indii, albo odsiadywali prawdziwe wyroki po prawdziwych procesach, szeregowi żołnierze nie byli źle traktowani. Po sześciu miesiącach ich zwolniono, a w zamian za subordynację nepalski rząd obiecał dać im ziemię, na której mogliby zamieszkać.

Wielka polityka skończyła się więc bez fajerwerków, orderów, wojskowych emerytur. W trzech obozach, w których skoszarowano rebeliantów wraz z rodzinami, bo przecież wielu z nich zdążyło się w Mustangu ożenić, można było uprawiać ogródek, prząść wełnę i robić z niej dywany. Trzeba było się przyzwyczaić do życia w tropikalnym klimacie, zapomnieć o suchym chłodzie i zimnym wietrze Wyżyny Tybetańskiej, jakach i wszystkim tym, co nie mogło się zdarzyć na wysokości osiemset dwudziestu siedmiu metrów nad poziomem morza, na jakiej zbudowano obozy, a działo się po drugiej stronie Himalajów. No i nie wolno było wrócić do domu. Można było o nim jedynie marzyć, modląc się pod posągiem Buddy przyszłości podarowanym przez XIV Dalajlamę, stojącym w obozowej gompie, zbudowanej na podobieństwo klasztoru Dziampaling w Czamdo, tego samego, z którego uciekał Pelsang Tsering, zanim został powstańcem. Albo, jeśli nogi odmawiają już posłuszeństwa, robić to w swoim pokoju. Tak jak Monlam, dowódca trzeciego oddziału. W pokoju numer cztery ma wszystko, czego mu trzeba: łóżko przykryte wyblakłym, turkusowym kocem, dwie szafki na rzeczy osobiste, niewysoki stolik, wielki chiński termos oraz ozdobiony sztucznymi kwiatami ołtarzyk, na który składają się liczne zdjęcia XIV Dalajlamy w różnym wieku, mantra wydrukowana na żółtej fladze i dwa posążki Buddy. Przesuwając w dłoni malę, tybetański różaniec, mówi mi, że w sercu pozostał mnichem. Gdy wychodzę, w ostatniej chwili mój wzrok zatrzymuje się na wystającej spod poduszki złotej rękojeści *kukri*, zakrzywionego noża nepalskich Gurkhów.

– Ale urodziłem się Khampą… – Sięga głębiej pod poduszkę i wyciąga jeszcze jeden nóż, mniejszy, znacznie mniej ozdobny. – Ten dostałem dawno temu od ojca.

Sprawdzam ostrza. Obydwa są błyszczące i bardzo ostre.

Szangri-La

[…] Mieliśmy ponad pięćdziesiąt owiec, parę jaków i kilka *dzomo* – dającej mleko krzyżówki krowy z jakiem. […] Byliśmy jedną z najbogatszych rodzin w wiosce. Niemniej warunki bytowe były nadal prymitywne. Średnia długość życia była niska. Nie było lekarzy ani szpitali, a nagła śmierć z nieznanych przyczyn stanowiła stałe i wszechobecne zagrożenie. Wioska nie została zelektryfikowana, nigdy też nie widziałem w niej świecy. Nasz dom oświetlaliśmy lampkami na olej musztardowy. Za paliwo używane do gotowania służyły słoma i łajno jacze. Nie mieliśmy zegarów, dzięki którym moglibyśmy określać godzinę, ani kalendarzy pozwalających mierzyć upływ dni i pór roku […] Wszystkie nasze ubrania były dziełem matki […] nie mieliśmy bieżącej wody, nikomu też nie śniło się o czymś w rodzaju toalety czy choćby latryny. Podwórze, które służyło za zagrodę dla zwierząt, było zarazem ubikacją na świeżym powietrzu, a nasze odchody najzwyczajniej zasypywaliśmy piaskiem. Nie braliśmy też kąpieli, o ile nie uważać za takie okazjonalnych skoków do nieodległej rzeki w lecie. Nasza wiedza o czystości i stosowaniu mydła była żadna. Kiedy okoliczni mnisi po raz pierwszy zobaczyli kostkę mydła, pomyśleli, że to coś do zjedzenia[13].

Taki obraz swojej wioski i domu rodzinnego w Amdo przedstawił we wspomnieniach Gjalo Thondup. Pragnąc przybliżyć czytelnikowi miejsce, które miało stać się nową bazą partyzantów z Kham po ich ucieczce z Tybetu, w dalszej części książki dodał: „Mustang jest surowym, biednym, słabo zamieszkanym, liczącym około tysiąca kilometrów kwadratowych regionem Nepalu [...]. To obszar szczególnie odizolowany i niegościnny, nawet jak na warunki panujące w naszym odległym i górzystym zakątku świata"[14].

Spisane jakby na marginesie porównanie warunków życiowych w Tybecie i w Mustangu wyręcza mnie w opisywaniu poziomu życia mieszkańców tej prowincji w drugiej połowie XX wieku. Tym bardziej że w 2010 roku, kiedy znalazłam się tam po raz pierwszy, było niewiele lepiej. Oprócz tego, że do wiosek leżących wzdłuż głównego szlaku dochodziła linia energetyczna, z Pokhary do Muktinath prowadziła przejezdna jedynie w okresach stabilnej pogody droga szutrowa, miejscowi mężczyźni porzucili tradycyjne stroje na rzecz taniej odzieży przywożonej z Chin, a w domach pojawił się prosty sprzęt gospodarczy, to, co zobaczyłam, zasadniczo nie różniło się od opisu Thondupa. W domach, które nie przyjmowały turystów, nadal nie było toalet, nawet prowizorycznych, standardy higieny wyglądały podobnie jak w rodzinnej wiosce XIV Dalajlamy, a za opał, i to nawet w domu prawdziwej księżniczki, służyły wysuszone na słońcu odchody zwierząt. Według danych Banku Światowego dopiero z końcem lat dziewięćdziesiątych minionego stulecia średnia długość życia w Nepalu przekroczyła sześćdziesiąt lat. Stopniowo obniża się tam także wskaźnik umieralności noworodków. W Mustangu i innych górskich prowincjach wciąż jednak dużo dzieci umiera przed ukończeniem pierwszego roku życia, a więcej niż jedna trzecia dorosłych nie dożywa sześćdziesiątki. W ostatnich dekadach XX wieku statystyki te wyglądały zresztą znacznie gorzej. Jeśli ponadto przypomnimy sobie, jak bardzo przez ponad dziesięć lat głód dokuczał partyzantom ukrywającym się w Górnym Mustangu, stanie nam przed oczami obraz zacofanego, odciętego od świata skrawka himalajskich rubieży, który lata świetności dawno miał za sobą i którym nikt – wyłączywszy krótkotrwałe zainteresowanie Amerykanów – szczególnie się nie przejmował.

Historia ubożenia Mustangu zaczęła się jednak kilka stuleci przed tym, zanim znaleźli w nim schronienie Khampowie, a chińskie władze ludowe po najeździe na Tybet postanowiły zamknąć graniczne przełęcze. Tak naprawdę już siedemnastowieczne wojny z sąsiednią Dżumlą i Ladakhiem okroiły terytorialnie i wyniszczyły ekonomicznie królestwo spadkobierców Ame Pala. Sojusz z nepalskimi Gurkhami, który za cenę poważnego ograniczenia suwerenności uwolnił królów Mustangu od zakusów wrogich sąsiadów, oznaczał nie tylko spadek prestiżu, ale przede wszystkim utratę sporej części dochodów uzyskiwanych dotychczas z kontroli nad solnym szlakiem. Zgodnie z tym, co piszą Elke Selter i Ramesh K. Dhungel, rządzącym Królestwem Lo nigdy już nie udało się odzyskać niezależności. Po zawirowaniach na nepalskiej scenie politycznej na początku lat pięćdziesiątych XX wieku ówczesny król Nepalu postanowił jedynie zwrócić dwudziestemu z kolei następcy Ame Pala niektóre z oficjalnych przywilejów, a jego syn, Jego Wysokość Mahendra Szah, choć po krótkim zrywie demokratycznym wprowadził system, który całą nepalską władzę skupił w jego rękach, podtrzymał tę zgodę. Król Mustangu jako jedyny z władców dawnych lokalnych księstw utrzymał prawo do tytułu oraz otrzymał stałe miejsce w Radzie Królewskiej przy nepalskim monarsze, stopień pułkownika w nepalskiej armii oraz funkcję koordynatora pańćajatu, rady dziesięciu wiosek na północ od Kagbeni. Cóż z tego jednak, skoro jednorazowy powiew przemian demokratycznych, który zawiał w dolinie Katmandu w szóstej dekadzie, okazał się na tyle silny, że jego podmuchy dotarły na drugą stronę Himalajów. Utrwalony przez stulecia feudalny system królewskiej kontroli nad ziemią został obalony, a król Mustangu utracił prawo do pracy pańszczyźnianej, do której byli zobligowani jego poddani. Poza tym rolnicy z wiosek Dolnego Mustangu przestali płacić należne mu daniny i ogłosili bojkot urządzanych w Lo festiwali, które od zawsze były okazją do podreperowania królewskiej kasy.

Amerykanie, podejmując decyzję o tym, że centrum dowodzenia tybetańskiego ruchu oporu zostanie przeniesione do Mustangu, nie zastanawiali się, czy średniowieczne królestwo jest gotowe sprostać jej konsekwencjom. Operacji ST Circus nie towarzyszyły działania, które miałyby złagodzić skutki tej decyzji, a nepalski król Mahendra, poza tym, że wcześniej zaspokoił rojalistyczne ambicje kolejnego potomka Ame Pala, nie przejmował się zanadto tym, co stanie się z Lobami żyjącymi w odległej od Katmandu dolinie po tym, jak waleczni Khampowie przekroczą granicę ich maleńkiego królestwa. Tymczasem z chwilą, gdy zapadła decyzja o przeniesieniu powstania do Mustangu, niemal z dnia na dzień ponad tysiąc mężczyzn pojawiło się na obszarze liczącym około dwóch tysięcy kilometrów kwadratowych, zamieszkanym przez pięć i pół tysiąca osób. Po tym, jak na skutek wydarzeń w Tybecie ruch karawanowy został wstrzymany, a pastwiska, na których Lobowie latem wypasali swoje stada, znalazły się po drugiej stronie zamkniętej granicy, wyżywić ich mogła jedynie jałowa ziemia, w tym klimacie dająca niewielkie plony tylko raz do roku.

Mustang nigdy nie zerwał duchowych związków z Tybetem, jego mieszkańcy odnieśli się więc do uciekinierów z braterską empatią. Poza tym wydarzenia po drugiej stronie granicy budziły ich strach. Terytorialna przynależność do Nepalu teoretycznie gwarantowała dolinie Kaligandaki bezpieczeństwo, ale uzbrojone chińskie patrole bezkarnie zapuszczały się na drugą stronę granicznych przełęczy. Do Lo Manthangu docierały także odgłosy ostrzeliwań pogranicza przez Chińczyków, a królestwo, wyjąwszy kilkuosobową straż królewską, nie dysponowało żadnymi siłami zdolnymi do obrony swego terytorium. Nie mogło też liczyć na wsparcie nepalskiej armii. Mimo wszystko jednak, gdy tylko do króla Mustangu dotarły wiadomości o chińskich poczynaniach w jednym z klasztorów w rejonie najświętszej ze świętych góry Kajlas na południowym zachodzie Tybetu, blisko granicy z Mustangiem, bez namysłu zdecydował się dać schronienie uciekającym stamtąd mnichom. Nie protestował również wtedy, gdy w dolinie Kaligandaki pojawili się Khampowie.

Warunki panujące na tej wysokogórskiej pustyni pozwalają uprawiać, i to z wielkim trudem, jedynie pszenicę, jęczmień, grykę i groszek. Przy wielkich staraniach może jeszcze odrobinę warzyw. Przez stulecia Lobowie wypracowali własny sposób przetrwania wyznaczany porami roku – uboga dieta, wielomęstwo oraz sezonowa migracja w okresie zimowym. Tych, których nie było, nie trzeba było karmić. Gdy wracali, przywozili to, czego brakowało, czyli ryż i zboża, a wyjeżdżając, zabierali na wymianę lub sprzedaż bydło, skóry, wełnę, dywany. By ograniczyć liczbę urodzin i nie dzielić majątków, wprowadzono poliandrię. Jedna kobieta zostawała żoną wszystkich braci w rodzinie z wyjątkiem tego, który, jak nakazywała tradycja, trafiał do klasztoru. Urodzone dzieci uznawano za wspólne. Jedzono jedynie campę – prażoną, drobno mieloną mąkę jęczmienną zalewaną herbatą z odrobiną słonego masła, pastę z mąki gryczanej i thukpę – tybetańską zupę z makaronem i odrobiną warzyw. Ser, suszone mięso i pierożki momo były zarezerwowane na specjalne okazje. Nie marnowano niczego. Odchody zwierzęce służyły za opał, ludzkie za nawóz. Wokół wiosek zbudowano systemy irygacyjne, dzięki którym uprawa zbóż w ogóle była możliwa. Do tej pory obowiązek ich kontroli spoczywa na całej społeczności, a jeśli zachodzi taka potrzeba, miejscowa rada starszych wyznacza dyżurnych czuwających nad ich przepustowością w okresach wyjątkowej suszy nawet w nocy. Trzymając się tych reguł, Lobowie mogli przetrwać. Pojawienie się Khampów, zamknięcie szlaku handlowego do Tybetu i ograniczenie kontaktów z Nepalem i Indiami sprawiło jednak, że cały ten wypracowany przez wieki system zawalił się bardzo szybko. Nieurodzajna ziemia nie mogła wyżywić dodatkowego tysiąca ludzi, do których szybko dołączali następni, czasami z rodzinami i całym żywym dobytkiem, i którzy nie zawsze okazywali się wdzięcznymi za gościnę bohaterami bez skazy prowadzącymi romantyczną walkę z najeźdźcą swojego kraju. Część z nich nadal zajmowała się tym, z czego byli znani, czyli rabowaniem kupieckich karawan, pozostali z romantycznych bohaterów zmieniali się niekiedy w tybetańskich „żołnierzy wyklętych" walczących wprawdzie w słusznej sprawie, ale przy okazji, prawem silniejszego, zabierających bezbronnym Lobom ich pastwiska i ogałacających ich spiżarnie.

Michel Peissel, autor pierwszej książki o zakazanym królestwie, znalazł się w Lo w 1964 roku. W drodze z Pokhary do Lo Manthangu od razu zauważył skutki zamknięcia szlaku solnego. Owszem, spotykał kupców, którzy wciąż pędzili karawany doliną Kaligandaki, ale wielkie magazyny w Tukući, tam gdzie najczęściej dochodziło do wymiany tybetańskiej soli, wełny i innych artykułów przywożonych z gór, stały puste. Bogate rodziny wyniosły się albo do Indii, albo do nepalskiej stolicy. Biednych pozostawiono samym sobie. Im wyżej rzeki docierał Peissel, tym bardziej dostrzegał nędzę średniowiecznego świata dotkniętego konsekwencjami chińskich poczynań w Tybecie. Zubożałego, zamkniętego i kulturowo odciętego od reszty Nepalu.

Urzędnicy w Katmandu długo zwlekali z odpowiedzią na jego wniosek o wydanie pozwolenia na tę podróż. Otrzymał je w końcu, pod warunkiem jednak, że eskapadę podejmie na własne ryzyko. Prócz brązowej kartki papieru z wykaligrafowaną zgodą na wejście do Mustangu, Dolpo i Manangu nikt nie potrafił przekazać mu żadnych konkretnych informacji o tym, jak naprawdę wygląda sytuacja na tych terenach i czego przybysz z obcego kraju może się tam spodziewać. Nawet w Pokharze, skąd miał wyruszyć na kilkumiesięczną wędrówkę, żołnierz sprawdzający jego dokumenty skwitował zamiar dotarcia do Lo Manthangu zdziwionym i przestraszonym pytaniem „Idziesz w stronę śniegów…?", tak jakby Peissel wybierał się na Księżyc, a nie na uczęszczany od stuleci szlak handlowy[15]. Jedyne, co wiedział na pewno, to to, że wszyscy bardziej niż Chińczyków bali się Khampów, których zbójecka sława dotarła do Nepalu szybciej niż wieści o prowadzonej przez nich walce z Chinami.

Szczęśliwie dla nas, dzisiejszych czytelników relacji Peissela, mimo wszelkich obaw i niepewności jego podróż przebiegała jednak pomyślnie. Po parudziesięciu dniach dotarł do miejsca, skąd Królestwo Lo ukazało mu się w całej krasie. Albo – patrząc oczami przestraszonego pioniera – w całej swojej surowości, dzikości, niedostępności. To przełęcz Sjangboće o wysokości trzech tysięcy ośmiuset metrów, ostatnie miejsce na trasie do Lo Manthangu, z którego spoglądając na południe, można dostrzec główną grań Himalajów z ośnieżonymi szczytami Tilićo, Annapurny i Dhaulagiri, odcinającymi się równą linią od szarości zboczy. Ale to widok na północ zapiera dech. Wierzchołki wysuszonych suchym powietrzem nagich gór ciągną się po horyzont i nawet stojąc nieruchomo, można być pewnym, że z każdym krokiem jego linia będzie się bez końca przesuwać o następne pasma poprzecinane głębokimi wąwozami i dolinami. Wiatr nieustannie rzeźbi ten krajobraz, nadając skałom niezwykłe formy, a słońce wydobywa z ich wyblakłej szarości wszystkie kolory ziemi. Z przełęczy nie widać osad ludzkich, a jedynie drogę biegnącą w stronę Lo Manthangu. Oczywiście ta droga to nowość – gdy Michel Peissel znalazł się w Sjangboće, żadnej tam nie było, do stolicy biegła jedynie wydeptana ścieżka. Przybysz przekraczał granicę między światami znanym i zupełnie dla niego, podobnie jak i innych obcych, dziewiczym. Nie potrafił sobie odpowiedzieć na pytanie, czy bardziej pociągało go piękno tego, co zobaczył, czy raczej przerażał go jałowy bezkres.

Zaginione królestwo, w którym spędził ponad dwa miesiące, przyjęło go dobrze, oswoiło jego obcość i odsłoniło przed nim wiele swoich tajemnic. Klasztory otworzyły przed Peisselem kaplice i biblioteki, poznał króla, miejscową arystokrację, wysokich lamów, Khampów, którzy choć groźni, nie zrobili mu krzywdy, nomadów szukających pastwisk i kupców próbujących odnaleźć się w nowej rzeczywistości. Leczył miejscową ludność zachodnimi lekarstwami, uczestniczył w rytualnych pogrzebach i zaślubinach. Dzięki jego książce świat dowiedział się, że to, co w Tybecie zostało zniszczone, wciąż istnieje, choć na mniejszą skalę, w krainie osłoniętej łańcuchem ośmiotysięczników, gdzie o wszystkim decydują gwiazdy i astrologowie, poddani wielbią swego monarchę, mnisi miesiącami medytują w odosobnionych jaskiniach i gdzie, wyjąwszy sprzęt dostarczony przez Amerykanów, nie dotarł żaden powiew nowoczesności.

No i oczywiście świat chciał poznać tę krainę. Tybetolodzy i archeolodzy zacierali ręce na myśl o odkryciach, których mogliby tam dokonać. Etnografowie marzyli o tym, by opisać średniowieczne królestwo. Trekkingowcom przestał wystarczać obchód masywu Annapurny. Chcieli ruszyć w górę Kaligandaki dawnym solnym szlakiem, odnaleźć mityczną Szangri-La, którą stare manuskrypty opisują jako kraj wiecznej szczęśliwości. Nepalskie władze długo nie odpowiadały na te oczekiwania. W Katmandu Mustang traktowany był raczej jako pas ziemi niczyjej, buforowa strefa przygraniczna, gdzie lepiej się nie zapuszczać. Pacyfikacja Khampów niewiele w tej kwestii zmieniła. Król Mustangu odwiedzał corocznie króla Mahendrę, a później jego następcę Birendrę, ale rewizyta nigdy się nie odbyła. Lobowie, tak jak wcześniej Tybetańczycy, tkwili w izolacji, zdani na łaskę jałowej ziemi oraz opiekę dobrych bóstw obłaskawianych przy każdej nadarzającej się okazji, próbowali przetrwać.

Ciekawość i tęsknota mają jednak wielką siłę. Szczególnie w czasach, gdy miejsc do odkrycia pozostało już bardzo niewiele. W marcu 1992 roku nepalski rząd zgodził się wpuścić do Mustangu turystów. Władze potrzebowały dewiz, a rozwój himalajskiej turystyki, o czym zdążyły się już przekonać, był ich doskonałym źródłem. Rząd w Katmandu wiedział dobrze, że Lo to rarytas, i postanowił z tego skorzystać. Każdy, kto chciał spędzić w Mustangu dziesięć dni, czyli minimum pozwalające jedynie na dotarcie do stolicy i z powrotem, został zobligowany do opłaty pięciuset dolarów. W razie potrzeby dłuższej eksploracji opłata rosła o pięćdziesiąt dolarów dziennie. Dla porównania: permit (pozwolenie na wejście) na Everest od strony nepalskiej kosztuje dziś jedenaście tysięcy dolarów, a na dwutygodniowy trekking wokół Annapurny zaledwie dwadzieścia dolarów. Równocześnie nepalskie władze robiły wszystko, by środki z tych opłat pozostawały w skarbcu króla Birendry, zamiast zasilić budżet Dzigme Dordzie Palbara Bisty, ostatniego z królów Lo. Trekkingowcy mogli poruszać się po Górnym Mustangu, pod warunkiem że wezmą ze sobą wszystko, co potrzebne, od pożywienia po opał. Zważywszy na kondycję tamtejszych gospodarstw, warunek ten mógł wydawać się uzasadniony, w rzeczywistości jednak pozbawiał miejscowych jakichkolwiek materialnych korzyści w zamian za otwarcie ich zamkniętego królestwa. Mogli jedynie przyglądać się przybyszom z nieznanego świata fotografującym ich świątynie, dzieci, babcie i dziadków, dopytujących się o strzeżone przez wieki tajemnice, za nic mających tabu świętych miejsc, a w spektaklu tym z roku na rok miało uczestniczyć coraz więcej aktorów.

Ci z kolei, którzy zdecydowali się zapłacić za tę najdroższą (nie licząc pozwoleń na zdobywanie ośmiotysięczników) przepustkę świata, mieli szansę, tak jak przeszło ćwierć wieku wcześniej Peissel, spełnić marzenie o pobycie w żywym skansenie. Nie groziło im spotkanie z Khampami, poza tym jednak nie mogli czuć się zawiedzeni. Przez dwadzieścia pięć lat, które upłynęły od wizyty francuskiego podróżnika, nie zmieniło się prawie nic, co mogłoby zaburzyć oczekiwany wizerunek zaginionego królestwa. Nie zbudowano żadnej drogi, szpitala, nie doprowadzono elektryczności ani linii telefonicznej. Niczego, co pod koniec XX wieku mogłoby wprowadzić Lobów choćby w jego początek, przygotować do tego, żeby kilka lat później nie musieli niepewnie odnajdywać się w wieku XXI, jeszcze szybszym i bardziej szalonym niż poprzedni. W wielu wioskach nigdy nie widziano obcokrajowców, rytmem życia niezmiennie rządziły pory roku, wierzono w demony i złe moce, przed którymi miały ochraniać czarne framugi okien i groźne odstraszacze – wyblakłe zwierzęce czaszki obleczone białymi khatami, skrawkami flag modlitewnych lub innymi świętościami. Każdy dzień zaczynał się od modlitw, a zaraz potem przychodził czas na codzienne zbieranie zwierzęcych odchodów i układanie ich w osłonecznionym miejscu do wyschnięcia. Porę zasiewu, żniw, dożynek, uroczystości religijnych wciąż ustalali astrologowie, a życie w Lo Manthangu skupiało się wokół monarchy, który z braku sądów i więzień rozstrzygał wszystkie spory, od tych poważnych po błahsze. Jego wyroki były ostateczne i za każdy otrzymywał daninę w lokalnej walucie – owcach, kozach, suszonym mięsie. Gdy opuszczał stolicę, przez wiele dni nikomu nie wolno było używać miotły, aby przy zamiataniu ulic nie podniosły się złe duchy i nie pospieszyły jego śladem.

Przypuszczam, że prawie każda z ponad tysiąca pięciuset osób, które dotarły do Lo Manthangu w ciągu pierwszych lat po otwarciu królestwa, liczyła na to, iż uda jej się podpatrzeć zatrzymany w czasie świat, i oczekiwała równocześnie, że zwieńczeniem wycieczki będzie choćby otarcie się o tajemnicę – jeśli nie jej poznanie – mitycznej Szangri-La. Czyż właśnie nie dla skarbów starych świątyń, widoku targanych wiatrem flag modlitewnych i niosącego się po górach odgłosu chóralnych modlitw przemierzali stare ścieżki solnego szlaku konno lub na piechotę? W 1995 roku Tiziano Terzani, włoski pisarz i dziennikarz, zatytułował jednak relację z parodniowej wizyty w Górnym Mustangu *Mustang. Raj utracony*. Chociaż jego również uwiodły krajobrazy, prostoduszna wiara Lobów i piękno klasztorów, los krainy „doskonałej szczęśliwości" bardzo go niepokoił. Pisał o wyludniających się wioskach, niszczejących, opustoszałych gompach okradanych z drogocennych skarbów na zlecenie prywatnych antykwariuszy, o nieproszonej nowoczesności, nieubłaganie nadciągającej wraz z zachodnimi turystami.

Dzigme Dordzie Palbar Bista także zaczął się obawiać, czy jego malutkie królestwo zachowa swoją duchową aurę w obliczu zmian, które nieuchronnie miały nadejść. Poprosił nawet wszystkie gompy w Górnym Mustangu o odmawianie modlitw w intencji, by w imię rozwoju jego poddani nie porzucili swojej religii[16].

W 2012 roku, siedemnaście lat po Terzanim, a trzydzieści osiem po tym, jak Khampowie złożyli broń i zwinęli swoje obozy, stanęłam po raz pierwszy pod wejściem do klasztoru w Ćarangu strzeżonego ze wszystkich stron przez brzuchate czorteny. Jego mury majestatycznie wyłoniły się z jałowego krajobrazu na godzinę przed dotarciem do celu. Domostwa miasteczka, podobnie jak i zaorane pola wokół niego z oddali ginęły w szarościach wysuszonej ziemi, ale już w zachodzącym słońcu klasztor czerwienił się swoim ceglastym kolorem. Z każdym krokiem forteca z wysokiego, urwistego brzegu strzegąca pierwszej stolicy Mustangu rosła w oczach, przywodząc na myśl sceny z *Siedmiu lat w Tybecie*, a widok ten mimowolnie zamieniał trekking w pielgrzymkę. Budynek wzniesiono w czasach największej świetności Mustangu, jego przeorami najczęściej zostawali drudzy w kolejności urodzenia synowie królewscy, zgodnie z tradycją oddawani życiu klasztornemu, hol wejściowy miały zdobić stare freski, a w fortecy przebywać dwustu mnichów.

Każdy turysta chce zwiedzić takie miejsce. Kupić bilet, dostać ulotkę informacyjną, najchętniej z opcją oprowadzenia po stojącym tuż obok pałacu królewskim, w którym miał się mieścić imponujący zbiór starych ksiąg przywiezionych z Tybetu, pisanych złotem i corocznie wietrzonych. My także chcieliśmy. I co? Zamiast kasy biletowej spostrzegliśmy jedynie koślawy napis „BEWARE OF DOGS", nieśmiało więc przekroczyliśmy klasztorny mur, wypatrując na wszelki wypadek czegoś do obrony przed niespodziewanym atakiem, po czym niezaczepiani przez nikogo skierowaliśmy się w stronę głównego wejścia do świątyni. Schowaliśmy aparat, bo już wiedzieliśmy, że wewnątrz klasztorów nie wolno robić zdjęć. Drzwi okazały się zamknięte, a czarny, wychudzony mastiff tybetański ze skudłaconą sierścią drzemał w rogu schodów i nawet nie spróbował szczekaniem zaanonsować przybycia intruzów. Nie zamierzaliśmy się jednak poddawać. Niezaspokojona chęć odgórnie zorganizowanego zwiedzania ustąpiła potrzebie samowolnej eksploracji miejsca, które, czego bardzo chciałam, mogło uchylić nam rąbka wielkiej buddyjskiej tajemnicy. Idąc wzdłuż klasztornych murów, w drugiej części budynku zauważyliśmy wreszcie niewielkie, jednoskrzydłowe, lekko uchylone drzwi. Przez dawno nieużywaną kuchnię z ustawionymi pod ścianą wielkimi garnkami weszliśmy do środka, potem jeszcze kilka kroków dalej. Było pusto i cicho. Po drabinie dostaliśmy się na piętro, zwabieni jasnym światłem z sali, której podłogą był sufit głównej kaplicy. W środku zajęty lepieniem wotywnych figurek z campy siedział stary mnich. Jeden zamiast dwustu. Przeprosiłam za wtargnięcie, nie chcieliśmy się jednak wycofać. W końcu przybyliśmy do jednej z najstarszych królewskich świątyń i mieliśmy zamiar ją zobaczyć. Stary mnich pogrążony był jednak w swoim zajęciu. Zmarznięty okrywał się szczelniej bordowym kocem z polaru. Dopiero przymuszony natarczywym pytaniem naszego przewodnika odpowiedział, że większość mnichów już dawno wyjechała, młodych nie przyjmują, a sąsiedniego pałacu ze starym księgozbiorem nie możemy odwiedzić, ponieważ zakonnik posiadający do niego klucze odprawia w sąsiedniej wiosce pudźę. W końcu zgodził się pokazać kaplicę świątyni. Znowu przeszliśmy obok zabiedzonego mastiffa i cierpliwie poczekaliśmy, aż jeden z dwóch stałych mieszkańców wielkiego, starego klasztoru za kwotę dwustu rupii nepalskich otworzy wrota. Widok opustoszałego, zakurzonego wnętrza robił przygnębiające wrażenie.

Wizyta w klasztorze w Ćarangu sprawiła, że tym bardziej nie mogłam się zdecydować, czy to, co zobaczyłam przez pierwszych kilka dni marszu do Lo Manthangu, to romantyczny obraz zaginionego królestwa owianego legendą duchowej harmonii i kontemplacji, gdzie wobec potężnej obecności boskiego pierwiastka zatraca się znaczenie życia jednostki, czy raczej, jak pisał o nim Terzani, „raj utracony", którego rajskość uciekła przed turystami, a być może uleciała wcześniej, w chwili materialnego i duchowego odcięcia od tybetańskich korzeni. Szlak solny zamarł, Khampowie wyjedli zapasy, mnisi opuścili klasztory.

Kilka dni wcześniej po raz pierwszy schodziłam do doliny Kaligandaki od strony Dżharkotu i Muktinath rzadziej uczęszczanym, kilkukilometrowym wąwozem biegnącym z przełęczy Gju La. Pustka stromych ścieżek i zębate brzegi zerodowanych zboczy we wszystkich kolorach ziemi poruszyły mną bardziej niż wszystko, co do tej pory zobaczyłam. Z każdym krokiem cisza wydawała się bardziej nieprzenikniona, myśli naprawdę zaczęły się uwalniać od codzienności, nastrój wycieczki ustępował nastrojowi wędrówki. Wąwóz kończył się wioską. Urokliwą. W oddali. Paręnaście glinianych domów malowniczo wkomponowanych w zbocze, otoczonych zaoranymi poletkami. Po prawej stronie, na urwisku oczywiście gompa. Mogłam od razu skierować się w stronę koryta rzeki, ale takich zakątków, w dodatku poza turystycznym szlakiem, nawet jeśli tylko oddalonych od niego o godzinę marszu, się nie omija. Z bliska czar prysł. Trzy uliczki na krzyż były jak wymarłe, nędzne domostwa chyliły się ku ziemi. Najbardziej niespodziewaną sceną okazał się jednak widok starych, bezzębnych, rozczochranych kobiet zbiorowo obchodzących przy rakszi (lokalnym bimbrze) swoje sześćdziesiąte urodziny (w Mustangu dożycie tego wieku to wielkie święto) na dachu opuszczonej przez mnichów gompy, której wejścia strzegły trzy skłębione ciała zmumifikowanych, wypchanych trocinami panter śnieżnych. Jako ucieleśnienie zwinności i dzikości miały pewnie odstraszać najgroźniejsze ze złych duchów. Dziś wypłowiałe, zniekształcone upływem czasu najwyraźniej utraciły całą moc.

Niektóre kobiety przysypiały, inne na migi zachęcały do wspólnego biesiadowania. Mężczyźni w różnym wieku zajęli wnętrze kaplicy oświetlonej jedynie kilkoma maślanymi lampkami. Grali w karty i pili. Na pewno nie pierwszy dzień i raczej nie ostatni. Stare mury klasztoru dawały im więcej miejsca i lepsze schronienie niż ich nieogrzewane, rozpadające się domy. Pytanie tylko, czy chroniły biesiadników jedynie przed wiatrem i chłodem, czy raczej przed światem, w którym nie chcieli albo już nie potrafili żyć.

Od 2002 roku turyści mogą już korzystać z usług Lobów. W osadach, które niegdyś wyznaczały odcinki solnego szlaku, rodziny Bistów i Gurungów pootwierały hotele, teahouse'y, a nawet filie słynnej nepalskiej sieci German Bakery z pieczywem wypiekanym jak w Europie. Nie trzeba więc podróżować z całym turystycznym ekwipunkiem namiotów i menażek, można niczym pani matka dobrodziejka sypiać na mniej lub bardziej wygodnych łóżkach, jadać w hotelowych restauracjach, choć im wyżej rzeki, tym menu jest mniej urozmaicone. Ten mustański luksus ma oczywiście różne wydania, tak jak w różny sposób miejscowi i turyści interpretują komunikat „HOT SHOWER" mający ich zachęcić do zatrzymania się w tej, a nie innej Plaza Inn. Hotelowe poranki i wieczory nie zmieniły jednak mojego przekonania, że wioska Tetang, do której pierwszego dnia wędrówki doprowadził mnie wąwóz i gdzie żadnego hotelu nie ma, upadła równie nisko jak inne osady położone dalej od trasy turystycznej do Lo Manthangu. I że odnalezienie w nich buddyjskiego absolutu będzie tak samo skazane na porażkę, jak inne osady położone dalej od trasy turystycznej.

Temat Szangri-La powrócił zresztą po powrocie ze „zwiedzania" klasztoru w Ćarangu. Na podwórku naszego hotelu siedziała kilkuosobowa grupka Włochów, także zawiedzionych wizytą w klasztorze. Światło popołudniowego słońca i gwar bawiących się w drugim kącie dzieci nadawały prowizorycznej plenerowej restauracji odrobinę włoskiej atmosfery. Padające promienie zmieniały kolor pokrytych gliną zabudowań z zimnoszarego na niemal ciepłobeżowy i sprawiały, że klepisko mogło z pewnej odległości wyglądać jak mozaika. Kobiety krzątały się tak jak włoskie gospodynie w porze kolacji. Wchodziły i wychodziły z kuchni, roznosząc plastikową zastawę, szklanki z duralexu, miski z parującym jedzeniem.

– *Castani, castani caldi* – westchnął nagle jeden z nich.

– *Si, si, castani... con vino bianco* – zamruczał pod nosem drugi równie tęsknym tonem.

Bez żadnego entuzjazmu patrzyli na swoje talerze. Nie było na nich słodkich, pachnących jesienią kasztanów. Zwykły chow mien z torebki, okraszony jajkiem i liśćmi szpinaku, być może z jakimś mięsem. Zamiast wina zielona herbata z torebki, ewentualnie ciepła, stęchła woda z wielkiego chińskiego termosu. Naprawdę nic, co mogłoby choć trochę przypominać prawdziwą włoską kolację. Taką, która składa się z kilku dań, trwa długo i pozwala się nacieszyć momentem zwieńczenia czegoś, na co się długo czekało.

Och, my także napilibyśmy się wina. Nieważne, czy białego, czy czerwonego. Mogłoby być nawet różowe i bez kasztanów. Włosi mieli rację, to była chwila, która zasługiwała na celebrę. Dotarliśmy wszak do jednego z dwóch królewskich miast, którego historia zaczęła się przed wiekami, nasz hotel mieścił się przy tamtejszej Brackiej albo Wiślnej. Do stolicy mieliśmy zaledwie jeden dzień drogi. W takiej chwili turysta spodziewa się, że dusza miejsca, do którego przybył, odsłoni przed nim tajemnice, opowie mu swoją historię. Tymczasem nad nami wznosił się zamknięty, prawie opuszczony klasztor, a przez bramę hotelowego podwórka widać było jedynie kawałek pokrytej błotem i zwierzęcym łajnem uliczki, gliniane ogrodzenie, za którym pasły się małe dzo, i kawałek domu z popękanymi murami. Na progu siedziała stara kobieta i wystawiając twarz w kierunku ostatnich tego dnia słonecznych promieni, przędła wełnę. Obok niej bawiły się dzieci, które najpewniej nigdy nie miały pójść do szkoły.

Chwilę później słońce zaszło, zrobiło się bardzo zimno. Koniec biesiady.

– Wiesz, może nasze Szangri-La jest w Toskanii – powiedział A., dopinając pod samą brodę zamek puchówki.

Sacrum

Pamiętam tę chwilę dokładnie. Młody mnich otworzył wielkie, ozdobione rzeźbionymi ornamentami, drewniane wrota prowadzące do kaplicy piętnastowiecznego klasztoru Thubczen w Lo Manthangu, jednej z trzech wiekowych świątyń stolicy. Bordowy kolor jego szaty pocztówkowo komponował się z brązem starych drzwi, ale wnętrze w głębi było mroczne i nieprzyjazne. Dostrzegałam jedynie kontury stojącego na końcu dużego posągu Buddy Śakjamuniego. Parę minut wcześniej, po wizycie w przyklasztornym muzeum, gdzie w jednej sali chaotycznie zgromadzono przeróżne artefakty, od starych rytualnych masek i bezcennych tanek po księgi religijne z VIII wieku niedawno znalezione w jednej z jaskiń, byłam skłonna głośno przyznać to, o czym po raz pierwszy pomyślałam, uciekając od niechcianego biesiadowania w porzuconej przez mnichów małej świątyni w Tetangu, a po raz drugi w trakcie „zwiedzania" klasztoru w Ćarangu. Otóż bezcenne dziedzictwo zostało w Górnym Mustangu unicestwione. Nieważne, czy z braku środków, czy z powodu ludzkiej niedbałości, czy w wyniku bezlitosnej dla tej niematerialnej kultury polityki sąsiadów. Gdy zbliżałam się do wejścia strzeżonego przez sześć groźnych smoków, spodziewałam się ujrzeć kolejną ruinę dawnej świetności. I właśnie wtedy, gdy przekroczyłam próg, promień słońca wpadł przez niewielkie okno nad drzwiami, opromieniając całe wnętrze ciepłym światłem. To była „ta chwila", błysk zdolny oświecić nawet niedowiarków. „Kaplica Sykstyńska” ukazała się w całej krasie doskonałych proporcji posągów i malowideł stworzonych ręką bezimiennych mistrzów z doliny Katmandu, Chin i Tybetu. Ich kolory były żywe, a kontury czytelne. Miedziany, kryty złotem posąg Buddy oświetlony wpadającym promieniem lśnił w mroku tylnej ściany w asyście panteonu trzynastu innych glinianych figur. Miękkie światło wydobyło harmonię każdego detalu. Wiedziałam już, że warto było dotrzeć do Lo Manthangu.

Buddyści rezygnują z odwiedzania świątyń, w których wizerunki bóstw przestają być widoczne, a posągi nadweręża upływ czasu. Tak jakby osadzający się na ścianach dym z lampek maślanych lub pęknięcia i zadrapania odbierały im moc. Dlatego klasztory w Górnym Mustangu pustoszały – dla wiernych i mnichów warunki życia w nieprzyjaznym klimacie Mustangu stały się zbyt ciężkie, odkąd utracili prawo do klasztornych latyfundiów, a miejscowa ludność nie była w stanie dzielić się z nimi ograniczonymi zapasami żywności. Modlitwy, o które prosił Dzigme Dordzie Palbar Bista, zostały więc wysłuchane połowicznie. Jego poddani nie stracili swojej wiary, ale zaniedbane klasztory i świątynie ziały pustką. Pewnego wiosennego dnia 1996 roku pojawiła się jednak nadzieja. Na prowizorycznym lądowisku u stóp przełęczy Lo La wylądował helikopter. Do Lo Manthangu przybyła grupa Amerykanów. Finansistów, bankierów, inwestorów z ugruntowanym miejscem na liście najbogatszych ludzi świata magazynu „Forbes”. Przylecieli, by spotkać się z królem i w imieniu American Himalayan Foundation (Amerykańska Fundacja na rzecz pomocy Himalajom) zaoferować wsparcie. Propozycja była tym bardziej poważna, że wśród przybyłych znalazł się milioner Richard C. Blum, inwestor i filantrop, członek rad powierniczych wpływowych think tanków, bliski przyjaciel Jimmy’ego Cartera, George’a Sorosa i zapewne mnóstwa innych wielkich tego świata, a także *sir* Edmunda Hillary’ego, z którym za młodu wspinał się na Mount Everest i wielokrotnie podróżował po Himalajach. Tybet, Szerpowie i ich kultura wywarły na nim na tyle duże wrażenie, że idąc za przykładem innych amerykańskich dobroczyńców, pragnących zostawić po sobie coś więcej prócz majątku, postanowił założyć własną fundację wspierającą walkę z himalajską biedą i zacofaniem. Od 1981 roku American Himalayan Foundation, o czym możemy przeczytać na jej stronie internetowej, wykazuje się dużą przedsiębiorczością wspieraną milionowym budżetem. Buduje szkoły, szpitale, realizuje projekty edukacyjne, ratuje nepalskie dziewczynki przed niewolniczą pracą lub przedwczesnym małżeństwem. Jej założyciel nie przestał co prawda być biznesmenem, który w ostatnich dwudziestu latach pomnożył swoją fortunę dzięki kontraktom z chińskimi partnerami, ale w wielu himalajskich wioskach uznawany jest za prawdziwego bohatera.

Od Luigiego Fieniego, konserwatora tybetańskiej sztuki sakralnej pracującego dla fundacji od 1998 roku, który opowiedział mi o pierwszej wizycie amerykańskich filantropów, dowiaduję się także, że gdy Blum przyleciał wówczas do Lo Manthangu, był gotów sfinansować budowę szkoły z prawdziwego zdarzenia i nowoczesnego szpitala. Król jednak oczekiwał czego innego. Poprosił, by przeznaczyć dolary amerykańskie na odnowienie najważniejszych dla Lobów klasztorów. Zdziwionym ofiarodawcom wytłumaczył, że jego poddani poradzą sobie, przynajmniej jeszcze przez jakiś czas, bez zachodniej służby zdrowia i edukacji, ale żeby oni sami i ich kultura mogły przetrwać, potrzebują działających świątyń. „To religia, choć słowo to w języku tybetańskim nie istnieje, stanowi fundament scalający całą społeczność Lobów i przenika wszystkie sfery naszego życia" – miał podobno przekonywać racjonalnych Amerykanów król.

Oczywiście patrząc na wszechobecne odstraszacze złych mocy i słuchając przydrożnych opowieści, łatwo ją pomylić z zabobonami i wiarą w demony, które wydają się czyhać na mieszkańców Mustangu w każdej górskiej szczelinie, za co drugim zakrętem, w co trzeciej jaskini, a już na pewno w Czodzongu, trzy godziny na wschód od Lo Manthangu, w której znajdują się jedne z najpiękniejszych w królestwie malowideł i bezcenne posągi. Ze strachu przed rozgniewaniem groźnych strażników nie można ich jednak oglądać, a miejscowi mają liczne dowody na to, jak bardzo mogą być oni niebezpieczni. Całkiem niedawno usłyszałam także mrożącą krew w żyłach opowieść o tragicznym finale wizyty jednego z bardzo, ale to bardzo wysoko postawionych lamów z Indii, który zjawił się w Lo Manthangu parę lat temu celem kilkudniowej modlitwy w klasztorze Czode, kończącej się tradycyjnie procesją z udziałem licznie zgromadzonych Lobów i rodziny królewskiej oraz wspólną wizytą w jednej z pobliskich wiosek. By uczcić dostojnika, król podarował mu pięknego, białego ogiera. Oczywiście lama przyjął wierzchowca i właśnie na nim ruszył do wioski dokończyć ceremonię. W miejscu, gdzie „zawsze było niebezpiecznie", zwierzę padło. Opowiadający mi z przejęciem tę historię sklepikarz nie miał wątpliwości, że była to sprawka złych duchów, które nie chciały, by lama dokończył swoje niesprzyjające im rytuały. Demony nie miały aż tyle mocy, by pozbawić życia potężnego mistrza, ale zdołały powalić konia.

– Możesz mi wierzyć lub nie, ale tak było – podkreślił, wyprzedzając moją uwagę, że zwierzę mogło paść na przykład z powodu zawału serca.

Cóż, Padmasambhawa najwidoczniej pokonał najgroźniejszą z bestii, dzięki czemu dzisiejszy Mustang stał się ziemią świętą, te mniej groźne zostały jednak tylko przez niego ujarzmione. Być może więc dlatego Lobowie wciąż podejmują przeróżne działania, by je odstraszyć lub przechytrzyć, no i oczywiście zaskarbić sobie, choćby przekupstwem, opiekę dobrych bóstw. Gdy słuchałam historii o zostawianych specjalnie dla nich miseczkach z jedzeniem albo o tym, że jak ktoś wybiera się w drogę, należy napełnić jego czarkę herbatą i pozostawić ją nietkniętą aż do czasu szczęśliwego powrotu wędrowca, przypomniałam sobie, że moja prababcia Leonia zawsze kazała każdemu, kto udawał się w dalszą podróż, przed drogą posiedzieć przez chwilę w milczeniu. Prababcia mieszkała w Czerniewicach, niewielkiej wiosce leżącej niecałe sto kilometrów na południe od Warszawy, gdzie jeszcze w latach siedemdziesiątych minionego stulecia zabobon mieszał się z religią niemal na każdym kroku. Obawiała się tego, czego nie mogła zrozumieć i co przekraczało granice jej ludowej mądrości nabytej w ciągu długiego życia. Na szczęście nie wsadzała chorych dzieci do pieca na trzy zdrowaśki, ale na wiele sposobów próbowała zabezpieczyć siebie, domostwo i bliskich przed ewentualnymi nieszczęściami. Gdy nadciągało jakieś niebezpieczeństwo, paliła gromnicę, wiosną i latem dekorowała figury świętych stojące przy drodze nieopodal jej drewnianego domku, na Matki Boskiej Zielnej i inne święta religijne zbierała bukieciki kwiecia, które później strzegły jej kuchni, tak jak niektóre zioła strzegą kuchni gospodyń w Mustangu. Ceremonialnie palą je w określone dni, podobnie jak robiła to prababcia Leonia przed Bożym Ciałem.

Tak jak ludowy katolicyzm zapożyczył wiele pogańskich rytuałów, również i buddyzm nie wyparł do końca szamańskich obrządków z czasów bon, a nawet wiele z nich zaadaptował. Im dłużej więc przyglądałam się prostodusznej aktywności religijnej Lobów podejmowanej na niemal każdym kroku, tym więcej dostrzegałam podobieństw do tego, co pamiętam z dzieciństwa. Na przykład czorteny, które kryją święte teksty, spalone szczątki lamów i pamiątki po nich – czyż nie pełnią takiej samej funkcji jak nasze przydrożne kapliczki? Dbanie o nie to sposób na zbieranie zasług. Moja prababcia podchodziła do sprawy podobnie – przyozdabiając figurę Matki Boskiej na majowe nabożeństwo, wierzyła zapewne, że zostanie jej to policzone na sądzie ostatecznym i dzięki temu jej dusza trafi do nieba, czego z pewnością jako wierząca katoliczka głęboko pragnęła. Z tego samego powodu dzień zaczynała od śpiewania *Kiedy ranne wstają zorze*, a kończyła wieczornym pacierzem, *Koronką do Miłosierdzia Bożego*, w maju zaś litanią do Najświętszej Marii Panny równie długą i rytmiczną jak tybetańska mantra recytowana przez Lobów rano i wieczorem.

Oczywiście Lobowie nie wierzą w chrześcijańskie piekło i niebo ani nie z nadzieją na zbawienie zbierają swoje zasługi. Sens ich życia zamyka się w przekonaniu o nieuchronnym przemijaniu i odradzaniu się każdej istoty oraz o konieczności pracy z własnym umysłem, by uwolnił się od ziemskich nawyków. W tym celu Lobowie odmawiają swoje modlitwy, a żeby było ich więcej i płynęły nieprzerwanie, kręcić się muszą młynki modlitewne i powiewać na wietrze flagi zapisane mantrami. Medytacji sprzyja także obchodzenie zgodnie z kierunkiem ruchu Słońca czortenów, murków modlitewnych, gomp i wszelkich innych świętych miejsc, a każda podróż powinna być okazją do duchowej pielgrzymki. Buddyzm nie nakazuje wiernym chodzić na pudźę (buddyjskie i hinduskie rytuały religijne), mogą wszak celebrować rytuały w domowych kaplicach i mnisi nie są im do tego potrzebni. Świątyń nie potrzebują także do tego, by brać w nich śluby, chrzcić dzieci i odprawiać nabożeństwa żałobne. Takie uroczystości, oczywiście z udziałem lamów, odbywają się w domach. Mimo to ich życie koncentruje się właśnie wokół klasztorów, ponieważ to tam mogą obcować ze swoimi bogami i bóstwami i dzięki temu to, w co wierzą, przestaje być jedynie oddechem gór, podmuchem wiatru, a staje się namacalne i może dotknąć ich swoją obecnością.

Pewien stary Kirgiz żalił się podróżującemu cieniem Jedwabnego Szlaku Colinowi Thubronowi na to, co stało się z jego narodem na skutek licznych, nieszczęśliwych dla kirgiskiej autonomii i kultury historycznych zawirowań minionego stulecia. Historia Kirgizji zamyka się w przekazywanym ustnie eposie o dzielnym Manasie, jego synu i wnuku. Naród trwał, ponieważ kolejne pokolenia opowiadały ją następnym pokoleniom, budując tym samym ich tożsamość. Teraz jednak, choć poemat znalazł się na liście niematerialnego dziedzictwa UNESCO, coraz mniej osób potrafi go wyrecytować, a wyrecytować prosto z serca – już prawie nikt. „My nie mamy świątyń, nie mamy nic. Nic, czego moglibyśmy dotknąć, oprócz gór. [...] Według mnie to za mało [...]. Młodzi ludzie przebudzili się do innych rzeczy"[17]. Czym stanie się Mustang, jeśli nie przetrwają jego stare klasztory? Dzigme Dordzie Palbar Bista, jak kirgiski starzec, obawiał się, że jego odcięte od świata królestwo, zubożałe i coraz bardziej opustoszałe, popadnie w całkowity niebyt. W poszukiwaniu lepszego życia jego poddani wyjadą pracować w chińskich fabrykach podkoszulków, a porzucone gliniane czorteny i murki modlitewne staną się ponownie częścią jałowego krajobrazu, niezawieszone flagi nie będą się modlić, nieporuszone młynki przestaną się kręcić. Niematerialne dziedzictwo rytuałów przekazywanych z pokolenia na pokolenie zostanie zapomniane jak kirgiski epos o Manasie albo jak ciche modlitwy mojej prababci, których już prawie nikt nie odmawia.

Na szczęście Richard Blum podzielał troskę o duchową przyszłość Mustangu. Zrozumiał, że pomysł budowy szkoły i szpitala w tej sytuacji powinien poczekać, i zgodził się sfinansować prace konserwatorskie w jednej z trzech starych świątyń w stolicy, w klasztorze Thubczen. Nie chciał jednak zawierzyć całego przedsięwzięcia zachodnim specjalistom, postawił więc warunek, że zaangażowani zostaną w nie miejscowi. Zgodnie ze specjalnym rozporządzeniem króla każda rodzina miała wydelegować przynajmniej jedną osobę, która po odpowiednim przeszkoleniu znajdzie się w zespole konserwatorów. Chętnych nie brakowało, tym bardziej że Amerykanie płacili. Nie dolarami wprawdzie, tylko rupiami, a stawka nie przekraczała poziomu nepalskich wynagrodzeń, ale dobre było i to. Pod koniec lat dziewięćdziesiątych znalezienie jakiejkolwiek płatnej pracy w Mustangu graniczyło z cudem.

Zanim jednak cały projekt mógł wystartować, pojawiło się sporo poważnych problemów. Po pierwsze, buddyści nie uznają konserwacji dzieł sztuki. Jako że dbają o swoją karmę, bardziej niż odnawiać stare dzieło, wolą stworzyć nowe, którego tworzenie nie jest dla nich niczym innym jak osobistą praktyką religijną. Nie ma dla nich znaczenia wartość antykwaryczna obiektów sakralnych, nigdy też nie rozwinęli umiejętności konserwatorskich na tyle, by bez uszczerbku dla ich oryginalnej doskonałości móc je odnawiać. Poza tym wizerunek Buddy nie jest dla buddystów jego podobizną, ale samym Buddą i może być nim tylko wtedy, gdy spełnia określone wymogi proporcji, układu dłoni, nóg, spojrzenia. Malowidło odrestaurowane zgodnie z europejską sztuką konserwacji może więc zawieść oczekiwania buddyjskich wiernych, pozostawiając obiekt kultu religijnego bez zniszczonej przez czas twarzy, ręki czy nogi, a więc bez niezbędnych atrybutów boskości. Dla Europejczyka będzie to dowód doskonałego warsztatu konserwatorskiego, dla buddysty bezużyteczny wysiłek. Dzieło ma wyglądać tak samo jak w chwili stworzenia. Jeśli jest zniszczone, należy namalować lub wyrzeźbić nowe, zamiast ratować to, co zostało. Nawet król, który cieszył się, że jego prośba została zaakceptowana, był przekonany, że klasztory zostaną po prostu odmalowane.

Nie wiem, jakich argumentów użył koordynator prac w klasztorze Thubczen profesor Rodolfo Lujan Lunsford z Gwatemali, niemniej zdołał przekonać świeżo upieczonych konserwatorów, że ich praca polegająca na starannym usuwaniu kolejnych warstw brudu, uzupełnianiu brakujących fragmentów malowideł z troską o najmniejszy detal po mistrzowsku namalowanych figur, będzie tym samym co ich tworzenie, czyli kontemplacją ich boskiej doskonałości. Prace nadal jednak nie mogły ruszyć. Starsi lamowie uznali bowiem, że istnieje prawdopodobieństwo, iż nie wszystkie bóstwa wyprowadziły się ze zniszczonych świątyń. Niektóre posągi wciąż zawierały wszystkie istotne elementy, a malowidła prześwitywały przez warstwę brudu, w związku z czym nadal uosabiały swą boską obecność. Nie można więc było ich bezkarnie dotykać. Należało poprosić ich „dusze", by na chwilę przeniosły się gdzie indziej. W ustalony przez astrologów dzień przeor klasztoru Czode, jedynego działającego w Lo Manthangu, odprawił stosowną ceremonię. Boskie „dusze" zostały schwytane do lusterka, które przewiązane białą khatą zawisło przymocowane do rzeźbionego kapitelu głównego filaru kaplicy. Nikt nie mógł dotknąć tego lustra do czasu zakończenia prac i ponownej konsekracji świątyni.

Trzecim problemem, przed którym stanęli zachodni konserwatorzy i którego rozwiązanie zajęło najwięcej czasu, okazało się zatrudnienie kobiet. Kobiety jako istoty nieczyste nie mają prawa dotykać boskich wizerunków, na niektóre nie mogą nawet patrzeć. Amerykanom, przyzwyczajonym do standardów *gender policy*, zależało, by jednak znalazły się w zespole i dzięki temu zdobyły praktyczne umiejętności. Lamowie długo zwlekali z podjęciem decyzji. Ostatecznie zgodzili się dopiero, gdy pierwszy etap prac został ukończony, ale tylko do czasu ponownej konsekracji, z którą to chwilą „dusze" zamknięte tymczasowo w lusterku miały z powrotem trafić do swoich bóstw zobrazowanych na odnowionych malowidłach, przywracając miejscu dawną świetność.

Rezultat pierwszego etapu prac przerósł zresztą oczekiwania nie tylko lamów.

– Nigdy nie zapomnę dnia, w którym na oględziny przyszedł król. Zdziwił się, że jesteśmy tak zdolnymi malarzami. Nie mógł uwierzyć, że to, na co patrzy, to nie nasze dzieło, tylko odczyszczone malowidła z czasów, gdy klasztor powstał. Chyba również wtedy zrozumiał, że naprawdę jesteśmy mu potrzebni, że bez naszego *know-how* jego marzenie o ożywieniu Thubczen się nie spełni.

Podobnie chyba uważali ci, z którymi pracowaliśmy. Nie chcieli tego okazywać, bo Lobowie są uprzejmi, ale na początku traktowali nas jak przemądrzałych kolonialistów na siłę wciskających im niezrozumiałą dla nich wiedzę – opowiada mi Fieni, który najpierw był asystentem profesora Lunsforda, a od 2001 roku szefuje całemu projektowi konserwatorskiemu w Mustangu. Miejscowi uważają go zresztą za inkarnację jednego z dawnych mistrzów pracujących w klasztorach Lo Manthangu.

W trakcie następnych etapów prac piętnastowieczne malowidła z miesiąca na miesiąc ożywały. Wizerunki Buddy otoczonego niezliczoną ilością bodhisattwów, bóstw i bóstewek symbolizujących wszelkie potrzebne cechy nabierały kolorów, a posągi błysku.

– Zanim zaczęliśmy, kilkanaście miesięcy spędziłem w zachodnim Tybecie, godzinami studiując murale w tamtejszych klasztorach. Najprawdopodobniej zostały sporządzone tymi samymi rękami, które stworzyły obrazy w Thubczen. To są prawdziwe arcydzieła himalajskiej sztuki.

Słucham tego, co mówi Fieni, ale nie mogę oderwać oczu od złotego słonia namalowanego w kółku o średnicy nie większej niż centymetr. Na każdym ze ściennych obrazów oprócz Buddy i jego świty takich maleńkich figur są dziesiątki, jeśli nie setki, każda została odczyszczona i uzupełniona o brakujące elementy, a razem tworzą nieprzerwany nawet kilkoma milimetrami pustej przestrzeni cykl, od którego można dostać oczopląsu.

– Cały projekt pochłonął 7680 godzin pracy, odnowiliśmy 342 metry kwadratowe ścian. Przez te lata zrozumiałem także, że muszę iść na kompromis. Jeśli Budda bez ręki albo bez nogi przestaje być dla buddysty Buddą, to tę rękę lub nogę trzeba domalować, oczywiście zgodnie z całą sztuką. I nie można się przejmować tym, jak ocenią takie działanie zachodni konserwatorzy. To nie oni będą się w tych świątyniach modlić. Gompa to nie muzeum.

W 2001 roku American Himalayan Foundation zgodziła się także sfinansować prace konserwatorskie w najstarszej świątyni Lo Manthangu, czyli w klasztorze Dziampa Lakhang, którego budowę rozpoczął Ame Pal tuż po tym, jak zdecydował się ogłosić niepodległość Królestwa Lo. To nie tylko najstarszy, ale także najwyższy budynek w mieście i w całym królestwie. Na wysokość dwóch pięter wystaje ponad linię pozostałych zabudowań, dlatego jego kwadratowa, pomarańczowoczerwona bryła jest widoczna na każdym zdjęciu Lo Manthangu zrobionym z większej odległości. Wszystkie ściany świątyni ozdobiono pełnymi szczegółów malowidłami wykonanymi w technice *al secco*, na suchej glinie. Na pierwszym poziomie liczne buddyjskie bóstwa w przeróżnych konfiguracjach przyciągają wzrok niezliczoną ilością detali, na pozostałych dwóch olbrzymie mandale w niezwykłych sekwencjach zapełniają całą przestrzeń, nie pozostawiając choćby skrawka wolnego miejsca. Pod ścianą na wprost od wejścia w asyście dwunastu mniejszych dostojnie piętrzy się olbrzymi posąg Buddy Maitrei sięgający drugiego poziomu świątyni. Klasztor był w jeszcze bardziej opłakanym stanie niż sąsiedni Thubczen. W wyniku trzęsień ziemi ucierpiała cała struktura budynku, w wielu miejscach bezcenne malowidła odpadły wraz z tynkiem, woda kapiąca z sufitu zmyła znaczną część obrazów na wyższych kondygnacjach. I choć prace nie są jeszcze skończone, świątynia została uratowana. Konstrukcję wzmocniono, usunięto również skutki ostatniego tragicznego trzęsienia ziemi z 2015 roku, którego wstrząsy dotarły nawet do Lo Manthangu, nadwerężając wiele tamtejszych budowli. Malunki pojaśniały, kolory ożyły, kontury nabrały ostrości. Bóstwa wracają.

Podobne działania ratunkowe udało się podjąć także w klasztorze w Ćarangu. Ściany głównej kaplicy, tej, którą mogłam zobaczyć za dwieście rupii nepalskich, oraz posągi zostały odczyszczone i zabezpieczone, dzięki czemu świątynia ponownie nabrała blasku. Najbardziej jednak cieszy, że dolary ofiarowane przez Bluma mogły również zostać przeznaczone na odnowę najstarszej w królestwie gompy Lo Gekar. W końcu nie po to tysiąc trzysta lat temu Padmasambhawa walczył z demonem, by dziś ten wysiłek został zapomniany. Cóż z tego, że wizerunki widniejące na malowidłach i kamiennych tabliczkach nie są tak kunsztowne jak te w klasztorach w Lo Manthangu? Samotna forteca powstała z mitu, wciąż nieprzerwanie stoi w miejscu, gdzie dla Lobów zaczęła się historia, strzeżona przez sto osiem czortenów, otoczona bezkresem gór. Nie chciałabym się tam znaleźć wtedy, gdy wewnętrzne ściany pokryte kilkucentymetrową warstwą sadzy straszyły miejscowych, przekonanych, że nie ma na nich żadnych obrazów, a w wypchanych papierem posągach gnieździły się myszy. Pod warstwą zwierzęcych odchodów nie mogły zachować niczego ze swojej dawnej świętości, podobnie jak musiały utracić ją wizerunki bóstw misternie wyrzeźbione na czterystu czternastu łupkowych tabliczkach pokrywających część ścian świątyni. Szczęśliwie jednak w 2006 roku świętość została temu pięknemu miejscu przywrócona. Można więc podziwiać małą gompę i zachwycać się jej subtelnym trwaniem z dala od wszystkiego, co materialne.

Wiosną 2018 roku znowu odwiedziłam Ćarang. Po przekroczeniu bramy wejściowej klasztoru przywitały mnie dwa małe, nieskudłacone mastiffy biegające po dziedzińcu wśród młodych mnichów grających w piłkę. U jednego z nich kupiłam bilet za pięćset rupii nepalskich i mogłam obejrzeć to, co kilka lat temu pokrywała warstwa sadzy. W ramach tego samego biletu pozwolono mi także zwiedzić stary pałac królewski. Z radością odkryłam, że nie ma tam już wiekowych ksiąg modlitewnych. Ukryto je w klasztorze przed wysoce prawdopodobnym rabunkiem. Puste piętra pałacu kryją dziś w sobie jedynie kopię słynnego posągu Buddy z tybetańskiego klasztoru Samje oraz zmumifikowaną dłoń odciętą ponoć budowniczemu świątyni na wypadek, gdyby przyszło mu do głowy wznieść podobną, równie piękną, gdzie indziej. Dopóki właściciel pałacu, czyli rodzina królewska, nie podejmie decyzji, co zrobić z tym budynkiem, jego stan raczej nie ulegnie zmianie, chyba że na gorsze. Klasztor jednak tętnił buddyjskim życiem porannych i wieczornych modlitw, procesji i pudźi odprawianych przy różnych ważnych okazjach.

Król miał rację. Świątynie ożyły, jakby wróciły do nich modlitwy płynące w powietrzu. Gdy tylko „dusze" bóstw zamknięte w lusterku na czas prac konserwatorskich zostały ceremonialnie uwolnione, gompy ponownie stały się celem pielgrzymek, miejscem składania ofiar i spotkań z lamami, których z roku na rok przybywa. Ale wydarzyło się coś jeszcze, choć pewnie nie było to działanie celowe. Konserwatorzy zadbali o to, by używać tylko naturalnych pigmentów, takich jak przed wiekami. Lapis-lazuli sprowadzili z Afganistanu, azuryt i malachit z Tybetu, cynober z Indii lub Chin, złoty proszek z Nepalu, a fałszywe złoto z Tajlandii. Historia zatoczyła koło. Na ścianach klasztorów w Lo Manthangu znowu spotkały się nieuczęszczane od stuleci odnogi azjatyckich szlaków wymiany dóbr i kultur. Patrząc na odrestaurowane malowidła, można więc poczuć dawną jedność świata, z którego się wywodzą.

A co z przyklasztornym muzeum? Niewiele się w nim zmieniło. Nadal stare maski, brudne tanki, fragmenty szat rytualnych i inne przedmioty oderwane od ich naturalnego kontekstu leżą na półkach bez ładu i składu. Ktoś podobno podjął nawet starania o środki na szklane gabloty, w których starocie mogłyby się godniej prezentować. Teraz jednak już wiem, że to nie one opowiadają historię Mustangu. I raczej nigdy nie będą tego robić, nawet jeśli zostaną fachowo opisane, a ów opis zostanie umieszczony w czytelnym miejscu w trzech wersjach językowych. Sterylnie ułożone za szklaną szybą jeszcze bardziej utracą swój sens, tak jak sens pielgrzymki gubi dziś już możliwe dotarcie do Lo Manthangu samochodem, motocyklem lub rowerem. Jak mówi Luigi Fieni, w końcu ponoć inkarnacja jednego z newarskich malarzy przed wiekami wędrujących po Himalajach od świątyni do świątyni, ciałem Mustangu są jego krajobrazy, nieziemskie kształty, niepokojące barwy, oddychające historią przez znaki pozostawione przez człowieka. Sercem – oddani wierze i tradycji mieszkańcy, a jego duszą – rytuały, „święty wiatr przenikający aż do korzeni, modlitwy zawieszone w ciągłym trwaniu, ruchu, przemijaniu i odradzaniu. Wywoływane jak uderzenia światła”[18].

Koleżanka

Dolka została moją pierwszą koleżanką w Mustangu. Wcale o to nie zabiegała i wiele, właściwie prawie wszystko nas dzieliło. Wyglądała na starszą ode mnie o trzydzieści lat, w rzeczywistości dzieliło nas tylko piętnaście. No ale Dolka urodziła się na wysokości trzech tysięcy pięciuset metrów, a życie w górach nie rozpieszcza, zmusza do ciężkiej pracy, nie daje czasu na pielęgnowanie urody. Zachowała piękne rysy i zaraźliwy uśmiech, jej twarz jednak przedwcześnie pokryła się zmarszczkami, kruczoczarne włosy wyblakły i zaczęły siwieć. Była szczupła, długi, wełniany chałat dodatkowo wysmuklał jej figurę, a wiązana w pasie wełniana tybetka, własnoręcznie przez nią tkana, dodawała jej powabu. Prowadziła w Dżharkocie hotel, w którym spędziłam drugą w swoim życiu noc w Mustangu, a później wiele następnych. A. trafił tam przypadkiem. Po zejściu z przełęczy Thorung La nie chciał się zatrzymywać w zatłoczonym Muktinath, a że było jeszcze wcześnie, postanowił zejść do następnej wioski, położonej o trzysta metrów niżej. Wczesnym popołudniem Dżharkot widziane z góry jest miejscem jak z bajki o królewnie uwięzionej w starym, urokliwym zamczysku. Oświetlone ciepłym, jesiennym słońcem ruiny fortu wyglądają groźnie, zawieszony nad stromym zboczem klasztor mieni się ciemnym pomarańczem, kontrastując z szarą bielą pozostałych budynków. W oddali góry układają się w nieskończoną dolinę nad korytem niedostrzegalnej stamtąd Kaligandaki. Nad nimi otoczony lekką mgiełką lśni ośnieżony wierzchołek Dhaulagiri.

Hotel Prakash stał zaraz przy wejściu do wioski, trzydzieści metrów za wyblakłym, brzuchatym czortenem. Dwupiętrowy, z tarasem na dachu, werandą i przeszkloną jadalnią, wewnątrz której na niskim parapecie w pięciolitrowych puszkach po oleju rosły wielkie, czerwone pelargonie. Drzwi były zamknięte, ale A. postanowił poczekać. Nie dłużej jednak niż godzinę. Gospodyni pojawiła się wcześniej, z przyniesionym na plecach koszem pełnym marchewki, ziemniaków, rzepy i liści szpinaku. Na piętrze znalazł się pokój, w jadalni obiad z przyniesionych warzyw, który A. uznał za „pyszny", „tak dobrego w Nepalu nie jadł" i „my też musimy tam przyjechać", bo „w Dźharkocie jest pięknie" i „to taki Mustang w pigułce".

No to przyjechałyśmy z ośmioletnią J. kilka dni później. Niewiele wiedziałam o miejscu, do którego dotarłam, jeszcze mniej o jego mieszkańcach. Byli jedynie postaciami z podróżniczych albumów o folklorze Himalajów. Ich zniszczone wiatrem i słońcem twarze wyglądały podobnie. Stroje także – kobiety nosiły te tradycyjne, mężczyźni z fantazją łączyli chińskie poliestry z ręcznie robionymi, wełnianymi swetrami i czapkami wkładanymi na sam czubek głowy z podobną jak u polskich górali nonszalancją. Nie miałam wówczas świadomości, że szlakiem, który doprowadził nas do Dźharkotu, od wieków wędrowali kupcy i pielgrzymi, i nie przypuszczałam, że w domu obok mojego hotelu mieszka prawdziwa księżniczka, bratanica króla z Lo Manthangu. Dopiero po południu, idąc wąską uliczką w stronę klasztoru, po raz pierwszy poczułam, że cofam się w czasie, i to o kilka epok. Poganiane przez dzieci bydło niespiesznie wracało z pastwisk, obojętnie omijając na milimetry moje nogi. Z obór i zagród wydobywał się najstarszy zapach świata, a wiatr roznosił go po osadzie, wwiewał do każdego zakamarka. Nie działo się nic, co rozpraszałoby tę pierwotną sielskość ludzko-zwierzęcej symbiozy.

W hotelu Prakash dzień rozpoczynała poranna pudźa. Budził nas zapach ziół palonych przez męża Dolki w przydomowej kapliczce. Później ona robiła nam wspaniałe kilkudaniowe śniadanie i częstowała J. szklaneczką soku z rokitnika, nie doliczając napoju do rachunku, po czym znikała, niosąc na plecach kosz wypełniony łajnem. Do zimy zostało niewiele czasu, w każdej chwili mógł spaść śnieg, a pola należało nawieźć. Mijałyśmy się, uprzejmie pozdrawiając, trochę na migi, trochę łamanym angielskim, którego Dolka nauczyła się, prowadząc hotel. Że ciężko, ale że trzeba, i gdzie się tego dnia wybieramy. Najważniejsze było jednak pytanie „*Gompa going?*". Bo Dolka, jak i inni mieszkańcy Dżharkotu, była bardzo dumna, że w jej wiosce jest taki stary klasztor z jeszcze starszym posągiem, który na dodatek nie dał się wykraść. Była także dumna z tego, że kilkaset metrów od jej domu Padmasambhawa zostawił ślady stóp. Później dowiedziałam się, że w klasztorze uczył się także jeden z jej synów. Kiedy skończył obowiązkową na jednym z etapów edukacji przyszłych mnichów samotną, trwającą kilka dni medytację, Dolka zaprosiła na klasztorny dziedziniec całą wioskę i z rozpędu, jak przypuszczam, także nas. Tego dnia ulepiła chyba pięćset tybetańskich pierożków momo, były też inne dania i hektolitry herbaty w wielkich chińskich termosach. Pomagałam jej całe przedpołudnie. Siedziałyśmy razem w jej ciemnej, obwieszonej ziołami kuchni na niskich, plecionych krzesełkach obok dziesięciokilogramowych worków mąki i mnóstwa innych przedmiotów, które nie zmieściły się na półkach. Pod piecykiem Dolka paliła suchym łajnem, drewna używając jedynie na rozpałkę. Wszystko robiła szybko i dokładnie, tak jak przygotowywała nasze śniadania i obiady. Mnie lepienie pierożków szło tak wolno i było tak niestaranne, że w końcu zostałam zdegradowana do roli podkuchennej. Mimo to z każdym obranym ziemniakiem, ugotowanym później do farszu, czułam się w tej kuchni coraz lepiej.

Od momentu wylądowania na lotnisku w Dżomosom drażniło mnie, że z moim wzrostem, turystycznym odzieniem i ekwipunkiem nie mogę wtopić się w zastaną tam codzienność, stać się niezauważalna, jak w Rzymie czy w Londynie. Już samo to, że jestem wyższa od Lobów o dwie głowy, budziło moje skrępowanie. Poza tym przybywałam ze świata, o którym oni wiedzieli tylko tyle, że jest bogatszy niż ich. Nauczyli się, że nie chcemy codziennie jeść na obiad i kolację dal bhatu, zupy z soczewicy z ryżem, i że potrzebujemy wygód takich jak toaleta, a nawet ciepły prysznic, które im wydawały się ekstrawagancją, ale najczęściej nieudolnie, choć z najlepszą wolą starali się je zapewnić. Albo że podróżujemy, a przynajmniej niektórzy z nas, z olbrzymim bagażem. Płacimy tragarzom i poganiaczom karawan za transport plecaków wypełnionych tym, co naszym zdaniem będzie nam bardzo potrzebne albo co trzeba wziąć „na wszelki wypadek". Mieszkańcom Mustangu zawartość takiego jednego plecaka najprawdopodobniej starczyłaby na całe życie.

Tego popołudnia jeszcze nie zostałyśmy przyjaciółkami, ale Dolka przestała na mnie patrzeć z dystansem, a ja przestałam czuć się jak wścibski intruz przybywający do jej wioski z dalekiego kraju. W końcu poprosiła mnie o przysługę. Przypuszczam jednak, że długo się zastanawiała, czy to zrobić. W każdym razie czekała do ostatniego popołudnia mojego pobytu i stało się to dopiero, gdy zostałyśmy same. Wyszła na chwilę z jadalni, pokazując mi gestem, żebym poczekała. Wróciła, niosąc starannie złożoną kartkę. List. Powiedziała, że to od syna, który mieszka w Nowym Jorku. Myślałam, że się chce pochwalić. Moja ciocia z Poronina zawsze z dumą w oczach pokazywała nam listy od swoich dzieci z Chicago, żebyśmy wiedzieli, że im się w tej Ameryce udało. Ale nie. Rozłożyła dwustronnie zapisaną kartkę i ostrożnie mi ją podała. List był napisany po angielsku, bezbłędnie i płynnie, a pierwszy akapit zaczynał się od następujących słów: „Kochana Mamo, mam nadzieję, że znajdzie się ktoś, kto Ci ten list przeczyta".

Najstarszy syn Dolki nie mógł napisać do niej w innym języku. Dolka, jak zdecydowana większość mieszkańców Dżharkotu i okolic, nie umiała czytać ani po nepalsku, ani po tybetańsku. Gdyby jej syn umiał pisać w którymś z tych języków, być może sprawa byłaby prostsza. Mógłby liczyć na to, iż odczyta go matce któryś z miejscowych mnichów, może nawet jej średni syn. Ale Pema wyjechał do Stanów, będąc małym chłopcem, zbyt małym na naukę czytania i pisania. W nowym kraju nauczył się tego, ale po angielsku, przy okazji stając się także Amerykaninem. Tak przynajmniej wywnioskowałam z następnych akapitów, w których lapidarnie, nie wdając się w szczegóły, zapewniał, że u niego wszystko dobrze, opisywał szkolne perypetie, swoje plany po liceum i wyrażał nadzieję, iż wkrótce się spotkają. Ponieważ jakoś nie mogłam sobie wyobrazić nowej koleżanki na lotnisku JFK, założyłam, że to on zamierza w niedalekiej przyszłości przyjechać do Dźharkotu w odwiedziny. List nie był przepełniony tęsknotą. Patrząc na uśmiech Dolki, uznałam, że uczucie to najprawdopodobniej musiało im obojgu spowszednieć w ciągu wielu lat rozłąki. Pokazała mi także zdjęcie. Kilkunastoletni Pema w sportowej koszulce stał objęty ramieniem przez mężczyznę w średnim wieku. Obaj podobni do siebie jak dwie krople wody. Zaczerwieniła się, kiedy to zauważyłam.

Nie musiała jednak tłumaczyć, kim był ten mężczyzna, a fotografia sama wyjaśniła jeszcze jedną tajemnicę. Syn i ojciec byli podobni nie tylko do siebie. W ich oczach i nieśmiałym uśmiechu można było dostrzec rysy jeszcze jednej osoby. Tej, która codziennie rano, starając się nas nie obudzić, zapalała kadzidła, a później obchodziła pobliski czorten zgodnie z ruchem Słońca.

Dolka, tak jak do niedawna wiele kobiet w Mustangu, miała dwóch mężów i wspólne dzieci. Ten starszy mąż wraz z pierwszym z synów wyjechał do Ameryki z nadzieją na lepsze życie. Młodszy mąż i dwaj synowie zostali. Średni trafił do klasztoru, a najmłodszy do szkoły z internatem w Pokharze. Nie rozmawiałyśmy o miłości ani o tym, co straciła. Powiedziała, że miała szczęście. Wszystkie dzieci, które urodziła, przeżyły, a to w Mustangu zdarza się rzadko. Odpisałyśmy na list, ale nie chciała, żebym go wysłała z Polski, do której za kilka dni wracałam. Stwierdziła, że zrobi to sama, jak zimą pojedzie do Pokhary przeczekać największe chłody i przy okazji odwiedzić uczącego się tam Sonama. Ile miesięcy idzie list z Nepalu do Stanów? Czy odpowiedź nadejdzie przed jej powrotem wraz z wczesną wiosną do Dźharkotu? To nie były jeszcze czasy, gdy w Dźharkocie działały telefony komórkowe, nie wspominając o internecie…

Przed naszym odjazdem A. zrobił nam zdjęcie. Dolka, stojąc na palcach, chichotała: „*Me small, me small*". Pożegnałyśmy się jak koleżanki. Czułam, że ona wie, że jeśli kiedykolwiek wrócę do Dźharkotu, najpiękniejszej z wiosek w Mustangu, to zawsze będę jechała do niej, znajomej, która pozwoliła mi oswoić to miejsce.

Wróciliśmy nie raz, a ona zawsze pyta o J., którą codziennie częstowała sokiem z rokitnika, jedyną rzeczą, którą mogła oferować małej dziewczynce, i nieśmiało dotykała jej cienkich blond włosów. Każe pokazywać sobie zdjęcia i dziwi się, jak można tak urosnąć. Z Pemą rozmawia przez telefon komórkowy. Od dwóch lat nie prowadzi już hotelu. Mówi, że nie ma takiej potrzeby – do Muktinath prowadzi nowa, pokryta lśniącym asfaltem droga, więc w Dźharkocie zatrzymuje się mniej turystów. Poza tym jest już zmęczona.

Jej dzień zaczyna się tak jak wtedy, gdy ją poznałam. Od porannej, rodzinnej pudźi odprawianej w dymie palonych przez jednego z jej mężów kadzideł.

Droga

सुनौलो
बिहानी
KING

Czy umiałabym na plecach zanieść własną matkę do lekarza? Nieść ją kilka godzin stromą ścieżką biegnącą korytem kamienistego potoku? Trzymałaby mnie rękami za czoło, a zgięte w kolanach nogi miałaby podwiązane za kostki, żeby nie zawadzać nimi o ziemię i żeby mnie było łatwiej. Czy umiałabym niedługo po porodzie, z noworodkiem na rękach i połową dobytku w koszu na plecach, schodzić z gór na niziny, pędząc stado bydła na zimowe pastwiska? Czy potrafiłabym bezradnie patrzeć na umieranie kogoś z najbliższej rodziny i nie móc liczyć na to, że dojedzie lekarz? Nie. Nie wiem. Nie urodziłam się w Nepalu.

W tym kraju, gdzie ponad dwie trzecie terytorium zajmują góry, drogi to nowość i rzadkość. Buduje się je co prawda od jakiegoś czasu, ale wiele z nich szybko znika niszczonych przez potężne i bezlitosne siły natury. Rzecz jasna im wyżej, tym dróg jest mniej, dlatego nepalscy górale chodzą. Nie mają wyboru. Dniami, czasami tygodniami, z pastwiska na pastwisko, po ryż, żeby zaprowadzić dziecko do lepszej szkoły (z internatem) w niżej położonych miejscowościach lub żeby je odwiedzić. W ich żyłach płynie krew minionych pokoleń wędrowców przemierzających himalajskie szlaki tam i z powrotem. Nie muszą więc długo szykować się do podróży. Po prostu zabierają to, co im potrzebne, i ruszają.

Jesienią 2016 roku szłam z miasta Burtiwang na Dhorpatan, kilkukilometrowy płaskowyż w masywie Dhaulagiri, gdzie nomadzi latem wypasają bydło i z którego przez Dolpo można w kilka dni dojść do Mustangu. Od zmierzchu do świtu. Właśnie w ciągu tego jednego długiego dnia spotkałam kobietę, która niosąc matkę, przeskakiwała z jednego śliskiego kamienia na drugi z nadzieją, że im szybciej będzie schodzić, tym szybciej zawodząca z bólu chora otrzyma pomoc, oraz dwudziestoparolatkę z kilkudniowym oseskiem wtulonym w jej ramię, przygniecioną ciężarem kosza niesionego na plecach. Na ganku starej chaty oddalonej od najbliższego miasta o siedem godzin marszu zobaczyłam też, jak bezradna rodzina przygląda się agonii cierpiącego bliskiego. I już wiedziałam, co to znaczy, gdy w kraju więcej jest ścieżek niż dróg.

Przez pierwszych kilka godzin Dhorpatan Road rzeczywiście była drogą, kilka miesięcy wcześniej została nawet utwardzona i poszerzona, zniszczył ją jednak letni monsun. Prawie tak stare jak indyjski przemysł samochodowy terenówki stały więc porzucone na dole, zupełnie bezużyteczne. Rozmokła i kamienista „*road*" wiodła najpierw przez wioski otoczone gajami bananowców i polami ryżowymi. Im wyżej, tym wiosek było mniej, a pola ryżowe zamieniły się w porośnięte trawą coraz bardziej strome łąki-pastwiska. Pustka wielkich gór zbliżała się z kolejnym, coraz płytszym oddechem, a każdy krok oddalał mnie od cywilizacji, nawet jeśli to była cywilizacja Burtiwangu, które jak lustro odzwierciedla wszelkie niedostatki, bolączki i szpetotę nepalskich miast i które niekoniecznie trzeba zobaczyć. Nie zauważyłam, kiedy Dhorpatan Road zaczęła się zwężać, aż w końcu stała się kamienistą ścieżką, szeroką tylko na tyle, by dwie osoby mogły się minąć. Takich ścieżek w Nepalu są setki. Prowadzą z wioski do wioski, od jednej doliny do drugiej, trawersują zbocza, pną się stromo i jeszcze stromiej opadają. Żeby się nimi przemieszczać, trzeba mieć dużo siły i czasu. W trakcie takiej wędrówki można umrzeć, urodzić dziecko, zachorować. I tak było od zawsze.

Od zawsze też do Mustangu i po Mustangu się chodziło. Nie jeździło, chyba że konno. Z Dhorpatan przez Dolpo co najmniej kilka dni, z Pokhary do Lo Manthang dwadzieścia, z Dżomosom trzy albo cztery. Oczywiście takie wędrowanie może wydawać się bardzo romantyczne i na pewno czasami bywa. Na zdjęciach karawany wyglądają pięknie. W rzeczywistości też. Siedziałam kiedyś nad Kaligandaki i ponad godzinę gapiłam się na miarowy rytm marszu grupy ludzi i zwierząt jedno za drugim zmierzających w stronę przełęczy. Co za spokój! Przez teleobiektyw obserwowałam ich twarze. Niewzruszone wysiłkiem, zatopione we własnych myślach. Szczęśliwi nabywcy pierwszych pozwoleń uprawniających do odwiedzenia Górnego Mustangu zrobili takich fotografii pewnie całe setki. Sami zresztą, by dotrzeć do Lo Manthangu, musieli zdać się na własne nogi lub konie. Im dłużej szli, tym bardziej, o czym zachwyceni chętnie informowali świat, czuli się odcięci od „cywilizacji". Jak Michel Peissel, kreator wizerunku „zaginionego królestwa". Och, jak im zazdrościłam. Ja także chciałam dotrzeć do Lo Manthangu ścieżką, którą przez setki lat poruszali się jedynie pielgrzymi i kupcy. Marzyłam o tym, by dotrzeć do średniowiecznego miasta nietkniętego żadną oznaką nowoczesności.

Cóż, myślałam – podobnie jak inni goście starego Lo – tylko o sobie. Wizerunek tego miejsca, który tak bardzo pociągał turystów i badaczy, z końcem XX wieku, po ponad trzech dziesięcioleciach, które upłynęły od zamknięcia przełęczy Kora La, uprzykrzał życie jego mieszkańcom. Ile ryżu można przynieść na grzbiecie konia? Czego można się dowiedzieć o świecie, jeśli nie ma się z nim żadnego kontaktu? Co, jeśli zdarzy się wypadek? Chce się posłać dziecko do szkoły? Elektryczność ścieżkami nie dotrze, zapasy, które pozwolą przeżyć kolejny rok nieurodzajnych plonów, co prawda dojadą, ale będzie to okupione dużym wysiłkiem.

– W 1999 roku życie w Górnym Mustangu było ekstremalnie trudne. Po prostu ludzie nie mieli co jeść, tylko ryż i soczewicę. Żadnych warzyw, mięsa. Nic. I ten ryż docierał do Lo z Tybetu. Nie był to jednak wówczas dar chińskich władz, tylko wsparcie od nepalskiego rządu, który przypomniał sobie o odległej prowincji. Tę żywność łatwiej było dostarczyć do Lo Manthangu przez Lhasę niż z Katmandu przez Pokharę doliną Kaligandaki. W związku z tym musiało zostać zawarte jakieś porozumienie między rządem Nepalu a władzami chińskimi, w każdym razie ciężarówki jechały najpierw do dawnej tybetańskiej stolicy, gdzie je załadowywano, i dopiero stamtąd ruszały w stronę granicy, skąd tragarze przez przełęcz Kora

La na plecach zanosili worki do Lo Manthangu. Na każdą rodzinę przypadały trzy worki ryżu. Na cały sezon. Nigdy wcześniej nie widziałem niedożywionych ludzi. W Górnym Mustangu było ich dużo. Byli niscy, chudzi, mieli problemy z paznokciami – opowiadał mi Luigi Fieni przy okazji rozmowy o pierwszym roku swojej pracy przy konserwacji klasztorów w Lo Manthangu.

Przypominam mu, że przecież ci ludzie już wieki temu nauczyli się żyć w tym surowym klimacie.

– Tak, wiem, że przez całe stulecia byli samowystarczalni. Nawet po zamknięciu granicy z Chinami. Na zimę większość schodziła w niższe partie gór. Niektórzy ze stadami zostawali w okolicach Pokhary, inni szli do Indii, gdzie sprzedawali swetry i dywany. To jednak już nie wystarczało. To nie była samowystarczalność. To była walka o przeżycie.

Pytam go, jak wyglądało życie w Mustangu, gdy znalazł się tam po raz pierwszy.

– Jak tam dotarliśmy? Przed wyjazdem z Rzymu wiedziałem jedynie, że z Pokhary do Dżomosom dolecimy samolotem i że dwa samoloty rocznie rozbijają się na tej trasie. Ale droga z Pokhary do Dżomosom, skąd mieliśmy z całym naszym bagażem i sprzętem potrzebnym do rozpoczęcia prac ruszyć konno do Lo Manthangu, zajęłaby nam wówczas prawie trzy tygodnie. Za pierwszym razem spakowałem za dużo ubrań, za mało kawy i jedzenia. Po miesiącu nie mogłem już patrzeć na dal bhat, który w uproszczonej wersji, to znaczy tylko w postaci ugotowanej soczewicy i ryżu, bez tradycyjnych dodatkowych warzyw, serwowano nam na śniadanie, obiad i kolację. W Lo Manthangu nie było elektryczności, a co za tym idzie radia, telewizji ani telefonu. Działała tylko jedna linia radiotelegraficzna, czynna o dziewiątej rano i o piątej po południu. Wiadomość z Lo Manthangu najpierw docierała do Kagbeni, a stamtąd do Dżomosom. I tak było aż do 2005 roku. Wiele razy widziałem ludzi, którzy umierali tylko dlatego, że żadna pomoc nie mogła do nich dotrzeć. Ktokolwiek miał wówczas szansę, wyjeżdżał. Nie tylko do Katmandu, ale też do Stanów, do Korei, gdziekolwiek, gdzie można było znaleźć pracę. To był prawdziwy exodus.

W Dolnym Mustangu sytuacja przedstawiała się lepiej. Po pierwsze, przechodzi tamtędy szlak biegnący wokół Annapurny, tak popularny, że zaczęto go nazywać „Coca-Cola Trekking". Z turystami przyszły pieniądze zostawiane przez nich w hotelikach i restauracjach, których z roku na roku wzdłuż szlaku przybywało. Poza tym klimat jest tam łaskawszy. Cieplejszy, dzięki monsunowi bardziej wilgotny. Można uprawiać coś więcej niż tylko jęczmień i soczewicę. Nie ryż co prawda, ale warzywa, no i jabłka oraz morele. I te owoce, nieduże, ale najlepsze na świecie, można kroić w plasterki, suszyć i sprzedawać. W Górnym Mustangu jednak żadne drzewa, a tym bardziej owocowe, rosnąć nie będą nigdy. Pod koniec lat dziewięćdziesiątych liczba turystów, którym zezwalano tu na wjazd, nie przekraczała tysiąca i wciąż nie wolno im było korzystać z usług miejscowej ludności. Lokalne władze nie dostawały ani dolara z opłat za permity turystyczne. Nie wiem, ile osób wówczas wyjechało. Może pięćset, może więcej. Ci, którzy zostali, próbowali przetrwać. Nepalski rząd, poza tym, że dwa razy do roku wysyłał kilka ciężarówek z ryżem i zgarniał dewizy od trekkingowców, nie bardzo przejmował się mieszkańcami tego regionu. Nie, nie należy się dziwić, król Birendra po prostu niespecjalnie martwił się o los swoich poddanych, także w innych częściach kraju. Kochał za to stare, luksusowe samochody, których zgromadził całą kolekcję. Przy okazji rozwijania tej motoryzacyjnej pasji nie usłyszał jednak starego chińskiego przysłowia, bądź co bądź z samochodami pośrednio związanego: „chcesz być bogaty, najpierw zbuduj drogi". On nie musiał tego chcieć – po prostu był bogaty, a biorąc pod uwagę to, że rządził jednym z najbiedniejszych krajów świata, można powiedzieć, że obrzydliwie bogaty.

Chińczycy za to postanowili o bogactwo zabiegać, i budowali drogi. Szczególnie takie, które miały znaczenie strategiczne, służyły ekspansji, ułatwiały transport cennych surowców. Z eseju Galena Murtona *A Himalayan Border Trilogy. The Political Economies of Transport Infrastructure and Disaster Relief between China and Nepal* [Himalajska trylogia. Ekonomia polityczna infrastruktury transportu i pomocy na rzecz ofiar katastrof w relacjach chińsko-nepalskich] wynika, że chińskich decydentów nie przerażały ani odległości, ani wysokie góry. Autostradę G219, z Sinkiangu do Lhasy, ukończono zaraz po tym, jak XIV Dalajlama na zawsze opuścił swój letni pałac. W tym samym roku Chińczycy postanowili przebić się przez Karakorum i rozpocząć budowę drogi łączącej ujgurski Kaszgar z Islamabadem, skąd bliżej jest do portów Oceanu Indyjskiego i Zatoki Perskiej. Nabierając gospodarczego rozpędu, drogą G318 połączyli z Lhasą Szanghaj, a przy okazji dobudowali do niej odcinek prowadzący na Kodari, przełęcz graniczną z Nepalem na wschód od Langtangu. Żeby nie było żadnych wątpliwości odnośnie do intencji przyświecającej tej inwestycji, nazwano ją Autostradą Przyjaźni. Wreszcie, pod koniec lat dziewięćdziesiątych, władzom w Pekinie zamarzyła się droga przecinająca Himalaje i połączenie z Indiami. Na początek zmienili stary szlak solny między Lhasą a Kora La w drogę szutrową przejezdną dla ciężarówek.

Lobowie z Górnego Mustangu przestali głodować. Oczywiście nadal bardziej cenili sobie walory smakowe ryżu nepalskiego albo indyjskiego, ale ten przywożony przez chińskie ciężarówki był nieporównanie tańszy. Nagle mogli kupić buty, dresy, różowe koce, termosy, cukierki i zupki chińskie, które w wersji na sucho stały się ich ulubioną przekąską okraszoną obficie chili i czerwoną cebulą. To, że buty były najtańszymi podróbkami, dresy z poliestru, koce z akrylu, a termosy trzymały ciepło krócej niż nepalskie lub indyjskie, nie było ważne. W Lo Manthangu otwarto pierwsze sklepiki i handel, czyli to, co Lobowie umieją najlepiej, ruszył. Nawet turyści odczuli tę zmianę. Cola, fanta, sprite, chińskie piwo Lhasa – napoje dotychczas luksusowe w tej części świata – z dnia na dzień potaniały o połowę. A że często trafiały do Mustangu przeterminowane? Cóż, cola się nie psuje.

Dwa lata później pod naciskiem Chińczyków i ze wsparciem chińskich funduszy władze dystryktu wzięły na siebie budowę drugiego odcinka „szosy transhimalajskiej", z przełęczy Kora La do Lo Manthangu. Już nie tylko dwa razy do roku, na wiosnę i jesienią, ale przez cały rok z wyjątkiem zimy co tydzień przynajmniej pięć chińskich ciężarówek opuszczało Tudum Bazar w Tybecie, przekraczało Brahmaputrę i po dwóch dniach docierało do Lo Manthangu. Coraz częściej na swoich przyczepach miały nie tylko żywność i odzież, ale też tani sprzęt elektroniczny, pierwsze w Mustangu panele słoneczne, materiały budowlane, a nawet nepalskie drewno przemycane z Manangu do Chin i później ponownie wwożone do Nepalu. Wszystko, co docierało do Lobów z Tybetu, było tańsze niż to, co tragarze przynosili z nepalskich nizin, nadal oddalonych od nich o wiele dni pieszej wędrówki. I chociaż Dzigme Dordzie Palbar Bista obawiał się, że jego królestwo zostanie zalane chińską tandetą, a poddani staną się jedynie konsumentami z dnia na dzień coraz bardziej uzależnionymi od chińskich dostaw, osobiście co roku ruszał do Tybetu negocjować warunki przygranicznego handlu. Sam, ponieważ na wsparcie władz nepalskich w tych negocjacjach raczej nie mógł liczyć. W Nepalu trwała wojna domowa między maoistowską Armią Wyzwolenia Narodowego a siłami wspierającymi rządzącą monarchię, król Birendra wraz z małżonką i innymi krewnymi stracił życie zastrzelony przez syna, księcia Dipendrę, lud domagał się demokracji. W tych mało sprzyjających rozwojowi okolicznościach rozpoczęto także budowę drogi łączącej Dolny Mustang z resztą kraju, jednak Górny Mustang nadal był przez władze w Katmandu traktowany jako buforowa ziemia niczyja, może nawet bardziej chińska niż nepalska, jako że zależność Nepalu od Chin z roku na rok rosła w bardzo szybkim tempie.

Od 2008 roku – pod warunkiem że monsunowe deszcze lub zimowe zamiecie nie uszkodzą zbudowanej drogi – podróż samochodem lub autobusem terenowym z Dżomosom do Pokhary jest możliwa. Po raz pierwszy w historii mieszkaniec Dolnego Mustangu mógł dojechać do lekarza, wysłać dziecko do szkoły i liczyć na to, że przynajmniej raz w miesiącu będzie mógł je odwiedzić. Hinduski pielgrzym spragniony pobytu w świętym Muktinath nie musiał już docierać do słynnych świątyń w pocie czoła stromym podejściem. Zanim otwarto drogę, wielu z nich przylatywało co prawda do Dżomosom samolotem, skracając sobie czas podróży o kilka dni, ostatni etap musieli jednak pokonywać pieszo lub konno. Teraz już przy lotnisku czekają na nich terenówki opisane krzywą czcionką, trochę na wyrost „Muktinath Express". W sklepikach hotelowych obok suszonych jabłek, moreli, pasiastych szalików i zapasek „na pamiątkę" tkanych z wełny przez miejscowe kobiety pojawiły się całe rzędy herbatników, plastikowych butelek z napojami, stuoosiemdziesięciomililitrowych royal stagów i bagpiperów przywożonych z Indii, a następnie sprzedawanych z dużym narzutem. Restauracyjne menu stało się bardziej urozmaicone. Rachunek był prosty. Kilogram ładunku niesionego na plecach tragarza kosztował czterdzieści rupii nepalskich, na grzbiecie muła lub konia dwadzieścia, wieziony ciężarówką zaledwie pięć albo sześć. Oczywiście turyści kupowali herbatniki, pili whisky, ale początkowo narzekali, że szlak się zmienił, że wędrowanie drogą lub tuż koło niej to już nie to samo. Miejscowi odpowiadali im wówczas: „Czy w twoim kraju żyje się bez dróg?".

Mieszkańcy Górnego Mustangu coraz bardziej zazdrościli tym z Dolnego. Chińskie ciężarówki przywoziły ryż, sprzęt kuchenny i podrabianą odzież, ale wracały puste. Mustang wciąż pozostawał odcięty od świata, choć o tym świecie coraz więcej wiedział. Była to co prawda wiedza wybiórcza, serwowana przez chińską telewizję albo przemycana podprogowo przez bollywoodzkie filmy oglądane grupowo na domowych DVD zasilanych chińskimi panelami, budziła jednak nowe aspiracje, przekonanie, że tam, za górami żyje się lepiej. Lobowie z Lo Manthangu i pozostałych osad chcieli mieć drogę, która połączy ich z resztą kraju.

Oczywiście nie obyło się bez ideowej dyskusji. I nie chodziło w niej o to, że wraz z budową drogi zwiększy się zależność od sąsiada z północy. Najbardziej konserwatywni mnisi, podobnie jak sześćdziesiąt lat wcześniej w Tybecie, ostrzegali, że droga odsunie Lobów od religii, że napływ nowoczesnych dóbr, które dotrą nią do Lo, zaszkodzi ich wiekowej kulturze, że zwiększy się przestępczość. Król także podzielał te obawy, wiedział jednak, że same klasztory, nawet odnowione, nie utrzymają jego poddanych w Mustangu, jeśli poziom życia choć trochę się nie podniesie. Cóż innego zresztą miał powiedzieć ludziom, którzy z powodu ubogiej diety i nieleczonych chorób rzadko dożywali sześćdziesiątki? Albo rodzicom, których dzieci umierały tylko dlatego, że w całym Górnym Mustangu nie było żadnego szpitala, żadnej izby przyjęć, gdzie można by uzyskać pomoc w razie nagłego wypadku? Lub tym, których synowie i córki przez całe dzieciństwo pędzili jaki i konie obładowane chińskimi lub indyjskimi dobrami na sprzedaż, zamiast nauczyć się czegoś, co przydałoby im się we współczesnym świecie?

W końcu nowy nepalski rząd, dzięki wsparciu ze strony Chin przejętych wizją krótszego połączenia lądowego z Delhi, wyasygnował potrzebne środki, zaprzągł miejscową ludność do pracy i budowa drogi ruszyła. Na stare ścieżki wjechały koparki i spychacze. I mimo że kruche, miękkie zlepieńce nie chciały się poddać, osuwały się i niszczyły sprzęt, roboty postępowały. W kurzu i pyle rozpoczął się w Górnym Mustangu, tak jak kilka lat wcześniej w Dolnym, pierwszy od wieków boom budowlany. Oczywiście z myślą o turystach. Od 2002 roku można tu już korzystać z usług miejscowej ludności, zniesiono także roczne limity odwiedzających, a magia zaginionego królestwa wciąż trwała. Z cementu i materiałów, które wraz z plastikowymi oknami i drzwiami tonami zaczęły docierać nad Kaligandaki z Indii lub z Chin, buduje się szybciej i taniej. A że przy okazji powstają budynki niekiedy wyjątkowo szpetne, wykończone najtańszymi, choć udającymi luksusowe materiałami, zupełnie oderwane od tradycyjnej technologii, o niewłaściwych parametrach odporności na wstrząsy spowodowane różnicami temperatur…

Niestety z chwilą, gdy na majestatycznym, żółtym urwisku powyżej Ćele pojawiły się buldożery, przez wieki nietknięta przez człowieka przyroda zaczęła tracić swoją godność. Tandeta Chin i prowizorka współczesnego Nepalu postanowiły wkroczyć na obrzeża starych osad mustańskiego Szlaku Orlich Gniazd, na wyścigi z pustymi, plastikowymi butelkami, błyszczącymi w słońcu opakowaniami po zupkach i cukierkach, torebkami foliowymi, połamanymi plastikowymi krzesłami i tym wszystkim, czego nie da się już wykorzystać. Owszem, w Ghami i w Lo Manthangu powstało kilka naprawdę ładnych hoteli, zbudowanych oczywiście przez przedsiębiorczą królewską rodzinę Bistów, jednak większość nowych inwestycji raczej straszy albo śmieszy. Zależy od podejścia.

W 2015 roku budowę drogi można było uznać za skończoną. Jako że to wysokie, kapryśne góry, prace przy niej będą trwać pewnie zawsze, ale od tamtego czasu podróż z Lo Manthangu do Dźomosom pojazdem kołowym stała się możliwa i trwa mniej więcej osiem godzin. Prawie każdy zyskał to, czego chciał. Chińczycy najkrótsze z możliwych połączenie lądowe z Delhi, Lobowie z Górnego Mustangu kontakt ze światem, turyści zaś, jeśli chcą, przy dobrej pogodzie mogą przemieszczać się po Mustangu samochodami, rowerami, motocyklami, w tempie, w jakim po Europie podróżowali Japończycy w latach dziewięćdziesiątych. I tylko w Kagbeni nie zobaczymy już porannej krzątaniny poganiaczy karawan, po drodze do Dżharkotu nie napijemy się herbaty, ponieważ większość przydrożnych hotelików została zamknięta, odkąd do i z Muktinath się jeździ, od niedawna nawet asfaltową drogą. Sprzedawczynie suszonych jabłek także będą się denerwować. Terenówki z turystami rzadko zatrzymują się przy ich przydomowych stoiskach.

Za to przy słynnym kompleksie świątyń w Muktinath poczujemy się jak pod Gubałówką. Będziemy mogli przeciskać się w tłumie turystów i pielgrzymów, zjeść burgera, pizzę albo spaghetti i popić to wszystko colą lub piwem. W Lo Manthangu będą na nas czekać podobne atrakcje z tą różnicą, że turystów będzie mniej i bardziej opłaci się kupić chińskie piwo Lhasa niż nepalskie Mount Everest lub Gorkha. W 2012 roku oprócz przyhotelowych restauracji w średniowiecznej stolicy działały tylko dwie kawiarnie, jedna pod wiele i na wyrost obiecującym szyldem Cafe Illy oraz druga, internetowa. Ze względu na prędkość połączenia wysłanie mejla graniczyło z cudem, w zamian za to miało się tam nietypowe towarzystwo. Z jakichś powodów przechadzające się swobodnie po mieście krowy i dzo wyjątkowo lubiły wylegiwać się u wejścia do kafejki i ciekawsko zaglądać do środka. Dziś kawiarni jest więcej, hoteli także. Mejla można wysłać ze smartfona, a w miejscu dawnej kafejki internetowej powstał gabinet lekarski, w którym przyjmuje najprawdziwszy lekarz pierwszego kontaktu. Przybyło mnichów, działają dwie szkoły, przyklasztorna i rządowa, i tylko starsi mieszkańcy nadal wygrzewają się w popołudniowym słońcu zastygli w swoich modlitwach. Młodzi Lobowie, zamiast przeganiać z pastwiska na pastwisko stada kóz, zostają kierowcami terenówek na trasie do Dżomosom. W sklepikach półki uginają się pod kuchennymi sprzętami i żywnością, na dachach błyszczą panele słoneczne, a wzdłuż Kaligandaki powstają małe elektrownie wodne. Nawet nepalskie władze zdecydowały się poprowadzić linię elektryczną z Dźomosom aż do Ćarangu, choć dotąd nie poradziły sobie jeszcze z utrzymaniem stałego przesyłu. Zazwyczaj więc „nepalskim” prądem mieszkańcy mogą cieszyć się nie dłużej niż trzy godziny dziennie.

Czy to oznacza, że stary szlak solny odżywa? Owszem, panuje na nim duży ruch, a szacunkowa roczna wartość chińskich towarów kupowanych przez Lobów wyniosła w roku 2017 około dwudziestu milionów rupii nepalskich, czyli trochę ponad sto osiemdziesiąt tysięcy dolarów. Nie przyprawia więc o zawrót głowy, ale stale rośnie. Tak jak apetyt, o czym sami dobrze wiemy. Najpierw marzy się o kocu i termosie, później o telewizorze, skuterze, a jeszcze później o nowym skuterze. I tak bez końca. Stary szlak miał to do siebie, że towary przewożono w dwie strony. Tymczasem wielkie chińskie ciężarówki wracają puste. Nikt po drugiej stronie granicy nie potrzebuje jabłek z Marphy i okolic, ryżu uprawianego na nepalskich nizinach czy wełny, a Mustang to nie Turkmenistan czy Kazachstan. Nie ma tam ani ropy, ani gazu. Są tylko spragnieni nowej pary butów mieszkańcy.

Siedząc przy rakszi

W Mustangu, zanim wieczór stanie się nocą, mija kilka godzin. Słońce zachodzi między szóstą a siódmą. Chwilę wcześniej, gdy tylko późnym popołudniem chowa się za górami, chłód od razu zaczyna przenikać do szpiku kości, wkrada się do domów, każe szukać ostatnich promieni, wkładać kolejną warstwę, znaleźć zajęcie, które skupi uwagę na czymś innym niż zimno. Można wtedy zagrzebać się w śpiworze i długo czekać na sen, w świetle czołówki czytać, zmarzniętymi palcami przewracając strony książki. Ale można też zasiąść w hotelowej kuchni i napić się rakszi, ryżowego bimbru podawanego na ciepło lub na zimno. Napój ten nie ma żadnych szczególnych walorów smakowych, ale ponieważ jest powszechnie dostępny i tani, wielu Lobów sprowadził na manowce. Trzeba mu jednak przypisać jedną zasługę: bez względu na to, jak i w jakich ilościach bywa pity, zbliża. Ludzi i światy, z których pochodzą, na chwilę zaciera różnice.

Dolka, moja pierwsza koleżanka z Mustangu, jakiś czas temu zrezygnowała z goszczenia turystów. Gdy się o tym dowiedzieliśmy, poczuliśmy się pozbawieni miejsca, które czyniło Mustang choć odrobinę naszym. Owszem, zawsze kiedy tam przyjeżdżamy, zaprasza nas na obiad, na herbatę, ale hotel Prakash już nie działa. Potrzebowaliśmy więc nowego adresu, gospodarza, który będzie tam na nas czekać. Ponieważ w ostatnich latach tamtejsza oferta hotelowa rozwinęła się w nieprzyjemnym dla oka kierunku, nadal uważam, że Muktinath, pełne hinduskich pielgrzymów i świętujących pokonanie przełęczy Thorung trekkingowców, nie jest najlepszym miejscem nawet na jeden nocleg, a co dopiero na kilkudniowy pobyt. Dżharkot natomiast niezmiennie jest. Tym bardziej że – szczęśliwie dla nas – nie wszystkim opuszczającym Mustang w nadziei na zarobek lub lepsze jutro udaje się ułożyć sobie życie za granicą.

Na skraju wsi, po przeciwnej stronie niż klasztor, za niewysokim, kamiennym murem i rzędem starych wierzb ponownie, po kilkuletniej przerwie oczekuje na gości hotel Himali Chhaya. Zbudowany w lokalnej technologii przypomina leciwe domostwa z sąsiedztwa, ale ponieważ zaprojektował go szwajcarski architekt, ma w sobie również urok alpejskiego schroniska, z wielką okopconą kuchnią i osłonecznioną o każdej porze dnia jadalnią. Głównego wejścia strzeże imponujący odstraszacz złych duchów, można więc poczuć się tu całkowicie bezpiecznie. Ci, którzy wędrowali wokół Annapurny w czasach „przed drogą", pamiętają, że zawsze był zatłoczony i trudno było w nim o miejsce. Później, nie wiem, czy w związku z jej budową, czy raczej z powodu lokalnych, rodzinnych waśni, stał zamknięty i opuszczony. Aż do 2016 roku, gdy jeden z miejscowych poszukiwaczy przygód postanowił się wreszcie ustatkować.

Palgenowi Gurungowi prawie się udało ułożyć życie na bogatym Dalekim Wschodzie. Chciał się wyrwać z mustańskiej biedy, a wyzwań się nie bał. Na podróż zarobił jako tragarz. Miał szesnaście lat i przez dwa lata taszczył wokół Annapurny bagaże trekkingowców. Ale udało się. Pojechał do Korei, gdzie na początku, jak inni Nepalczycy, handlował przywożonymi z Chin podkoszulkami. Nie jest to jednak zajęcie ani wciągające, ani dochodowe, a Palgen marzył przecież o lepszym życiu. Po pewnym czasie znalazł więc pracę w koreańskiej fabryce plastiku. Zarabiał podobno całkiem nieźle, ale ciułanie wonów także nie było marzeniem Palgena. On chciał od razu doświadczyć tego lepszego życia, a że robił to w barach i dyskotekach w Pusanie, majątek szybko przepadł. Bez pieniędzy co prawda, ale wciąż jeszcze wiedziony młodzieńczymi marzeniami ruszył do Japonii. Nielegalnie, statkiem. I tam, po roku oswajania się z tym wymagającym krajem, los się do niego uśmiechnął. Przyjęto go do pracy w dużym warsztacie produkującym metalowe konstrukcje, a później w fabryce Toyoty. Przez dwanaście lat zarobił sumę, jakiej jego rodzice nie potrafili sobie nawet wyobrazić. Osiemdziesiąt tysięcy dolarów (w tym miejscu opowieści zawsze kilkakrotnie pokazuje na palcach, ile to było zer). Zupełnie jednak niepotrzebnie któregoś wieczoru, a może to było nawet kilka wieczorów, zajrzał do kasyna. Wrócił do Dżharkotu z podkulonym ogonem i z niewielką kwotą, którą udało mu się na sam koniec pechowej nocy odegrać. Za te pieniądze wydzierżawił hotel Himali, odświeżył pokoje, zamontował panele solarne, zrobił łazienki z prysznicami i ciepłą wodą. Razem z żoną urządzili warzywnik, mają nawet szklarnię. Obydwoje doskonale gotują, choć jeśli w kuchni dyżuruje Palgen, nigdy nie wiadomo, czy kolacja będzie o szóstej czy o ósmej, czy jeszcze później. Palgen zna w Dżharkocie wszystkich i w związku z tym przez cały dzień angażują go liczne zobowiązania towarzyskie i gospodarskie. Musi odbyć codzienną pogawędkę z jednym z najstarszych tutejszych mnichów, który przychodzi do niego koło południa na szklaneczkę rakszi, oprowadzić turystów po Dżharkot, zabrać ich do swojej znajomej księżniczki, pokazać rezydencję, która dziś jest własnością przeora z klasztoru w Muktinath, a ponieważ hierarcha przebywa najczęściej w Katmandu, dom jest pod opieką Palgena. Ma on także klucze do fortu oraz do pałacu zamieszkiwanego niegdyś przez namiestników z Lo Manthangu, w imieniu króla odpowiedzialnych za sprawy dolnego Lo. To on opowiedział mi o tym, jak odróżniać domy wysoko urodzonych od domostw zwykłych śmiertelników. Pokazał, które należą do rodziny Bistów i że wyróżnia je brunatna, drewniana lamówka na górnej krawędzi elewacji. Opowiedział mi także o tym, dlaczego kiedyś Dolny Mustang wolał stać się bardziej nepalski niż ten Górny, a także że teraz znowu powinny się połączyć. Nie lubi Richarda Bluma za to, że ten, chcąc pomóc Dzigme Dordzie Palbarowi Biście utrzymać poddanych w Lo Tso Dhun, skupił się jedynie na Lo Manthangu i przez to helikoptery wożą amerykańskich turystów jedynie tam, a przecież cały Mustang jest piękny. Po południu gospodarz hotelu Himali znika. Jak się okazało, w swojej prywatnej kaplicy urządzonej na najwyższym piętrze dawnej rezydencji namiestników królewskich z widokiem na trójkątny wierzchołek Dhaulagiri. Jest pobożny i musi się pomodlić. Czekamy więc na jego powrót, a żeby przypadkiem nie denerwować się na Palgena, pijemy rakszi. Z małych szklaneczek, po łyku. Wieczory są przecież długie. A ponieważ dni niekiedy także, jest o czym rozmawiać.

W himalajskich wioskach nadejście wiosny to wielkie święto, które należy uczcić, i to kilkakrotnie. Świętowanie zaczyna się od procesji wokół osady. Korowód otwierają mnisi niosący liczne świętości, za nimi mantrując, ruszają mieszkańcy. Na dachach wiesza się nowe flagi modlitewne, stare zostają spalone. Parę tygodni później w intencji nowego życia i dobrych zbiorów rozpoczyna się festiwal *daczang* z tańcami, popisami strzeleckimi i jeździeckimi miejscowych młodzieńców, mnisi sypią dużą mandalę. Poza tym astrologowie ustalają datę zasiewu oraz dzień, w którym mieszkańcy osady powinni ruszyć w góry i sprawdzić po zimie stan kanałów irygacyjnych. Od tego zależy, czy pola zostaną odpowiednio nawodnione, czy zbiory się udadzą, czy będzie co jeść. W 2018 roku gwiazdy powiedziały, że powinien to być 8 maja. Każda rodzina musiała wydelegować jedną osobę, kobiety przygotowały jedzenie. Zgodzili się, bym dołączyła. Ruszyliśmy o świcie. Przez góry, w stronę Lubry. Ścieżka nie przypominała trekkingowych szlaków. Była wąska i stroma, kamienie osuwały się spod nóg. Kobiety niosły garczki z ugotowanym ryżem i z dalem, termosy, mężczyźni narzędzia. Zamykałam grupę, krótki, niezaaklimatyzowany oddech nie pozwalał iść szybciej. Cztery godziny później usłyszałam radosny głos Sonama, najmłodszego z synów mojej koleżanki Dolki. Zobaczył miejsce, gdzie osuwisko zniszczyło kanał. Woda, zamiast spływać do Dżharkotu, rozlewała się szeroko po zboczu. Odetchnęłam. Dojdę – pomyślałam. Chociaż nic nie niosłam ani nie umiałam pomóc w usuwaniu szkody, poczęstowano mnie obiadem. Zdążyliśmy wrócić przed zmrokiem.

Palgen nie poszedł naprawiać kanału. Miał „przecież cały hotel na głowie". Istotnie, był sam, żona wyjechała do Pokhary odwiedzić dzieci. Wykupił się pięciuset rupiami i obiecał czekać z ciepłą kolacją. Nie zdążył jej jednak ugotować, czekał więc na nas… z rakszi. Kobiety wróciły do domów, mężczyźni, jak to z reguły w takich sytuacjach bywa, zostali. Szybko przyszli jeszcze dwaj następni: mój przewodnik Purna, z którym dwa dni później miałam wyruszyć do Lo Manthangu (po Górnym Mustangu nadal można poruszać się tylko z przewodnikiem), i Mohan, dyrektor szkoły dla dzieci z okolicznych wiosek. Purnę i Mohana znam od dawna. Przyjaźnimy się. Pasowali do tej okopconej kuchni. Tak jak pasowała do niej historia nawróconego hazardzisty Palgena. Każdy z nich, żeby odnaleźć się w niełatwym nepalskim życiu, musiał przejść długą drogę, wyboistą i trudną jak himalajskie ścieżki.

Purna nie pamięta, czy miał cztery, czy pięć lat, gdy umarli jego rodzice. W wiosce Ćamtang na północno-wschodnich, wilgotnych krańcach Nepalu szalała epidemia. Rodzina pomogła mu, owszem. Na ile mogła. To znaczy dawała jeść. Do czasu. W Nepalu, gdy kończy się czternaście lat, jest się już dorosłym. Trzeba odciążyć rodzinę i zacząć sobie radzić. Purna wyjechał więc sobie radzić do Katmandu. Ale cóż mogła zaoferować mu przeludniona takimi jak on stolica jednego z najbiedniejszych krajów Azji? Znalazł pracę w fabryce dywanów, nie za pieniądze jednak, lecz za jedzenie. Teraz rozmawiam z nim swobodnie po angielsku, a nawet nie tylko rozmawiam, ale także czasem do siebie piszemy, wtedy jednak nie umiał czytać i pisać, więc tym trudniej musiało mu być. Po dwóch latach szczęście miało się do niego uśmiechnąć. Był młody i silny, ktoś zaproponował mu więc, by dołączył do tragarzy wspierających niemiecką grupę trekkingowców na szlaku wokół Dhaulagiri. To trudny szlak, prowadzi przez wysokie przełęcze, często w śniegu, a Purna urodził się na nizinach. Poszedł jednak, ponieważ praca w fabryce dywanów zdążyła mu całkiem obrzydnąć. Pożyczył drobną sumę, kupił nowe klapki, spodnie i ciepłą kurtkę i zameldował się w Beni, skąd wyprawa miała wyruszyć. Jako że był tym nowym, dostał najcięższy bagaż – sprzęt kuchenny, ponieważ wokół Dhaulagiri nie ma bazy noclegowej i śpi się w namiotach. Musiał więc wychodzić ostatni i docierać na miejsce pierwszy. Pierwszy raz był na takich wysokościach, pierwszy raz musiał poruszać się po śniegu, pierwszy raz miał nieść kilka godzin dziennie czterdziestokilogramowy bagaż. Szedł, wymiotował i płakał. Ale przetrwał. Dostał sześćset rupii napiwku. Wrócił do fabryki dywanów z postanowieniem, że nauczy się czytać i pisać, najpierw po nepalsku, później po angielsku. Nauczył się. Sam, literka po literce. Znowu ktoś zaproponował mu pracę tragarza. Tym razem trekking był łatwiejszy, w rejonie Manaslu, bagaż nie był taki ciężki, szef życzliwszy. Został w tej agencji, zrobił licencję przewodnicką i teraz pracuje samodzielnie.

Ojciec Mohana urodził się w Dźharkocie, w wielodzietnej rodzinie chłopów pozbawionych własnej ziemi. Byli tak biedni, że na kupno ryżu i cukru mogli pozwolić sobie tylko raz w roku, w Losar, tybetański Nowy Rok. Chcąc ulżyć swoim rodzicom, ojciec Mohana podobnie jak Purna wyjechał w poszukiwaniu jakiegokolwiek zarobku. Nie do Katmandu, tylko do Indii. Tam powoli, bardzo powoli wzbogacił się na tyle, by wrócić do rodzinnej wioski i założyć własną rodzinę, a później wysłać najstarszego z synów do Sikkim Government College w Tadongu. To dlatego Mohan umie tak dobrze mówić po angielsku i zarządzać szkołą, która istnieje wyłącznie dzięki jego pracy i finansowemu wsparciu austriackich i niemieckich filantropów. Przez wiele lat była jedynym miejscem, gdzie dzieci z okolicznych wiosek mogły nauczyć się czytać i pisać. Gdy po raz pierwszy stanęłam na szkolnym dziedzińcu, nie wiedziałam jeszcze, że widok, na który patrzę, to w Himalajach rzadkość. Uczniowie Shree Tibetan Medicine School, jak wszyscy ich rówieśnicy w Himalajach, byli zasmarkani i biednie ubrani, ale zamiast pracować, do czego rzeczywistość wciąż zmusza większość dzieci z nepalskich wiosek, mogli się uczyć. I bawić. Tylko Mohan wie, ile trzeba determinacji, żeby utrzymać przez lata taką szkołę, znajdywać sponsorów, zapewnić fundusze na jedzenie i przynajmniej symboliczne pensje dla nauczycieli. Albo żeby przekonać rodziców, by na kilka lat zgodzili się zrezygnować z jednej pary rąk potrzebnej im do pracy w gospodarstwie. Zobaczył nas wtedy, gdy pierwszego dnia pobytu w Dźharkocie zza drzwi obserwowaliśmy zabawę na szkolnym dziedzińcu. J. była trochę zła. To był dzień jej ósmych urodzin, oczekiwała więc kolejnego w swoim krótkim życiu kinderbalu z koleżankami, balonami i żelkami. Mohan zaprosił nas do środka. Godzinę później, z należną pompą, w szkolnej sali modlitewnej rozpoczęło się urodzinowe przyjęcie.

Wieczór w kuchni hotelu Himali niespiesznie toczył się ku nocy. Osmolone ściany rozmyły się w mroku, jedna żarówka vermeerowskim światłem oświetlała mosiężny czajnik z podgrzanym bimbrem. Palgen narzekał, że nowa droga odbiera mu klientów. Purna obiecał przyprowadzać turystów, Mohan powiedział, że nie będzie tak źle, że razem coś wymyślą. Zasugerowałam, że hotel należy rozreklamować, przecież mamy tyle pięknych zdjęć. Snuliśmy plany, jak to przy rakszi. I wtedy w drzwiach stanęło dwóch nepalskich policjantów. Chcieli się jeszcze raz upewnić, czy Palgen pamięta, że w związku z wizytą indyjskiego premiera w Muktinath od jutra do 13 maja jego hotel, jak wszystkie inne w okolicy, ma być pusty.

Następnego dnia miałam odwiedzić Kungę, która prowadzi ostatnie od strony Muktinath schronisko pod przełęczą Thorung La. Sama jedna, na wysokości czterech tysięcy ośmiuset metrów nad poziomem morza. Poznałam ją, gdy miała niecałe szesnaście lat, w 2010 roku. Jej młodszy brat był naszym przewodnikiem na jedną z przełęczy w okolicach Dźharkotu. W drodze powrotnej bardzo chciał, byśmy odwiedzili jego rodzinę mieszkającą w wiosce Purang. Nie pamiętam, czy rodzinny dom Sonama Wangdu był bardzo biedny, czy też nie odstawał od innych domów okolicznych rolników. Pamiętam natomiast widok z balkonu, na którym piliśmy herbatę. Dokładnie na wprost nas wznosił się trójkątny z tej perspektywy, ośnieżony szczyt Dhaulagiri. Amerykanie mówią w takich momentach: „Och, to widok wart miliona dolarów". My pomyśleliśmy tak samo. Herbatę podała nam właśnie Kunga. Jej mama, przy pomocy mówiącego trochę po angielsku syna, powiedziała, że Kunga nie chce być jak inne dziewczyny z wioski. Nie chce prowadzić domu, nie chce wyjść za mąż. Chce pracować, stać się niezależna. Choć nie skomentowała tych planów ani słowem, jej spojrzenie zdradzało, jak bardzo jest z córki dumna. Trzy lata później Kunga zaczęła prowadzić schronisko pod Thorung La, w którym można zregenerować siły po zejściu z przełęczy lub nabrać ich przed kilkugodzinną wspinaczką w przeciwną stronę. Właścicielka opuszcza je jedynie na zimę, kiedy ruch turystyczny zamiera. Chciałam się dowiedzieć, czy przypadkiem nie zmieniła planów w kwestii zamążpójścia, tym bardziej że zawsze była bardzo ładna i nie mogła narzekać na brak adoratorów. Niestety, indyjski premier Modi pokrzyżował te plany.

W uściskach słonia, pod ogonem smoka

Jakiś czas temu w Lo Manthangu pojawiły się kosze na śmieci. Duże, czerwone z ruchomą klapą, na każdym rogu ulicy. W 2012 roku jeszcze ich nie było. W zaułkach średniowiecznej stolicy zalegały zwiewane zewsząd przez wiatr plastikowe odpady tego, co przywiezione przez chińskie ciężarówki pojawiło się na sklepowych półkach. Na szczęście, zapewne dzięki czerwonym koszom, zniknęły. Nie dostarczyły ich jednak nepalskie władze. Te dotychczas nie zbudowały również w Górnym Mustangu żadnego szpitala ani żadnej szkoły z prawdziwego zdarzenia. Przez całe lata, odkąd Mustang został otwarty dla turystów, nie zdecydowały się wysłać na graniczną przełęcz Kora La ani jednego żołnierza. O tym, gdzie się kończy Nepal, informował jedynie słabo widoczny słupek. Żadna oficjalna instytucja nie pomogła też znaleźć schronienia mieszkańcom Samdzongu i Dheje, konkretnie trzydziestu ośmiu rodzinom, po latach walki z suszą zmuszonym porzucić swoje domy, pola i pastwiska. Problem narastał od końca lat dziewięćdziesiątych, gdy strumienie zasilane przez lodowiec wyschły, obniżył się poziom wód gruntowych, osuwiska śniegu i ziemi porwały ze sobą kanały irygacyjne, a opady deszczu i śniegu, jak ostatnimi czasy wszędzie indziej na świecie, stały się coraz mniej przewidywalne – albo jest ich za mało, albo są zbyt obfite i gwałtowne. Uprawy nie rosły, a trawy na pastwiskach z roku na rok było coraz mniej, w końcu wyschła zupełnie. Władze prowincji pozostawiły pisemne prośby o pomoc bez odpowiedzi, a losu mieszkańców wiosek nie odwróciło nawet odkrycie jaskiń pochówkowych z pierwszych wieków naszej ery w ich pobliżu. Było za późno, by mogły stać się popularną i chętnie odwiedzaną atrakcją turystyczną.

Zdarza się jednak, że nepalski rząd staje na wysokości zadania. Na przykład wtedy, gdy słynne świątynie w Muktinath postanawia odwiedzić indyjski premier. W takiej sytuacji cywilni urzędnicy, policja, armia i wszelkie inne służby stają na baczność, gotowe gorliwie wypełnić wszelkie otrzymane w związku z wizytą wytyczne. W szczycie sezonu turystycznego przełęcz Thorung La, zwieńczenie kilkunastodniowego trekkingu wokół Annapurny, przechodzi dziennie ponad dwustu turystów. Marzą o piwie, ciepłym prysznicu, wygodnym hotelu, no i o powrocie do domu, co przelot z Dźomosom do Pokhary, na który bilety zabukowali z dużym wyprzedzeniem, może znacznie przyspieszyć. W 2018 roku jednak w związku z wizytą indyjskiego premiera od 8 do 13 maja przełęcz była zamknięta, podobnie jak i wszystkie hotele na trasie Dźomosom–Muktinath. Nieuprzedzeni o niczym turyści utknęli w Manangu lub w Thorung Pedi. Nie wypili przywiezionego przez hotelarzy z myślą o nich piwa, nie zjedli przygotowanych dla nich obiadów, nie kupili pamiątek, przepadły im niemal bezcenne w sezonie bilety na samolot. Żołnierze i policjanci chodzili za to po pustej dolinie tam i z powrotem dumnym krokiem.

Przeczytałam później w dziennikach „Himalayan Times" i „India Times", że Narendra Modi przyleciał do Muktinath helikopterem, okrążył pieszo kompleks świątyń zgodnie z ruchem Słońca, odprawił szesnaście modlitewnych rytuałów, buddyjskich i hinduistycznych, zapozował do zdjęć w tybetańskiej jedwabnej, podbitej futrem czapie i po półtorej godzinie odleciał do Katmandu. Na wspólnej konferencji prasowej z nepalskim premierem obaj prześcigali się w zapewnieniach o uznaniu dobrosąsiedzkich stosunków opierających się na „równości, wzajemnym zaufaniu, szacunku i dwustronnych korzyściach" za priorytet w polityce zagranicznej ich krajów. I nie skończyło się na górnolotnych deklaracjach. Premier Modi miał w zanadrzu konkrety: środki na budowę nowoczesnej hydroelektrowni we wschodnim Nepalu, start nowych projektów w ramach wartego siedemdziesiąt sześć miliardów rupii indyjsko-nepalskiego programu współpracy gospodarczej oraz sto milionów na odnowę świętego dla obu nacji miasta Dźanakpur, gdzie zresztą cała majowa wizyta Modiego symbolicznie się rozpoczęła. Nepalskie media okrzyknęły ją oraz towarzyszącą jej operację nepalskich sił bezpieczeństwa wielkim sukcesem, a przekaz tych relacji nie pozostawił wątpliwości: opłacało się na pięć dni zamknąć przełęcz.

Na każdym z czerwonych koszy w Lo Manthangu widnieje duży napis informujący o tym, że są darem Baba Foundation, której misją jest, o czym dowiadujemy się także z opisów na kontenerach, pomoc dzieciom i ochrona środowiska. Strona internetowa fundacji w gronie strategicznych partnerów wymienia firmy z całego świata – od Kanady po Zjednoczone Emiraty Arabskie. Tabliczki z nazwami hojnych sponsorów możemy także zobaczyć w innych wioskach w Mustangu przy ujęciach wody pitnej, szkołach, nielicznych punktach pomocy medycznej oraz stalowych wiszących kładkach, które przynajmniej na głównych szlakach zastąpiły karkołomne drewniane konstrukcje, z trudem wytrzymujące żywioł monsunowych strumieni choćby jeden sezon. Nawet piecyki słoneczne pomagające szybciej zagotować wodę na dużych wysokościach często są podpisane nazwiskami donatorów. Od wielu lat, indywidualnie lub instytucjonalnie, świat spieszy pomagać Nepalowi odnaleźć się we współczesnym świecie. Sam Nepal, choć tak piękny i chętnie odwiedzany, nawet z codziennymi problemami słabo sobie radzi albo nie radzi w ogóle, a co dopiero z bardziej złożonymi, wymagającymi działań systemowych. Według danych Banku Światowego i innych instytucji zajmujących się analizą kondycji gospodarczej poszczególnych krajów wskaźniki ekonomiczne bardzo powoli pną się do góry. Najnowsze dane wskazują, że gospodarka Nepalu jest dwudziestopięciokrotnie mniejsza od polskiej, średni roczny dochód Nepalczyka nie przekracza siedmiuset trzydziestu dolarów, a za klasę średnią uważa się osoby żyjące za od dwóch do dwudziestu dolarów dziennie. W odległych od doliny Katmandu prowincjach statystyki te przedstawiają się jeszcze gorzej. Indywidualni sponsorzy fundują więc stypendia edukacyjne, organizacje pozarządowe budują, a później finansują szkoły i szpitale, rządy zaprzyjaźnionych krajów pomagają rozwijać tutejszą infrastrukturę. A kto pomaga Nepalowi najbardziej? Sąsiedzi. Kraj ten ma ich tylko dwóch, są za to coraz potężniejsi i ambitniejsi, a na dodatek za sobą nie przepadają. No i w odróżnieniu od Baba Foundation oraz setek innych organizacji non profit zaangażowanych w Nepalu ich działania nie są bezinteresowne.

Na pierwszy, drugi i trzeci rzut oka Nepalowi, o czym na wyścigi zapewniali w maju obaj premierzy, bliżej do Indii, które granicą długą na tysiąc siedemset kilometrów otaczają go z trzech stron świata. Poza tym obydwa kraje łączy podobny język, taki sam alfabet, wspólny panteon licznych bóstw, co rzecz jasna oznacza podobny styl życia, ubierania się, świętowania. Przez wieki ich relacje układały się różnie, ale raczej były pokojowe, a przyjaźń ta została usankcjonowana oficjalnym traktatem zawartym tuż po tym, jak Indie uzyskały niepodległość. Z oficjalnej strony internetowej nepalskiego Ministerstwa Spraw Zagranicznych wynika, że od tego czasu wizyty i rewizyty polityków wysokiego szczebla są składane regularnie, regiment walecznych Gurkhów wspiera indyjską armię, Nepalczycy mogą swobodnie przekraczać indyjską granicę i legalnie u sąsiada pracować (i *vice versa*), a łączna wartość pomocy przekazanej od roku 1951 do dziś na rozwój nepalskiej infrastruktury, szczególnie na terenach przygranicznych, wynosi siedemdziesiąt sześć miliardów dolarów. Towary wwożone na teren Indii w celach handlowych nie podlegają opłatom celnym, co ma szczególne znaczenie, jako że do Indii trafia właśnie większość dóbr produkowanych w Nepalu. Reszta świata bowiem nie jest jakoś szczególnie zainteresowana artykułami produkowanymi w nepalskich manufakturach. Owszem, na Thamelu, turystycznej dzielnicy Katmandu, turyści zachwycają się nepalskim rękodziełem, nie oznacza to jednak, że przepiękne dywany, meble, ceramika, odlewane z brązu rzeźby mają szansę stać się produktami masowo i globalnie rozchwytywanymi. Obydwa kraje wiąże też, i to niekiedy w śmiertelnym dla Nepalu uścisku, współpraca energetyczna. Innymi słowy, Nepal jest w stu procentach zależny od dostaw paliw z Indii, a te nie wahają się wykorzystywać tej zależności, ilekroć Nepal zrobi coś, co się Indiom nie spodoba. Wówczas przyjaźń i empatia dla mniejszego brata od razu, bez ostrzeżenia zamienia się w protekcjonalizm silniejszego. Tuż po ostatnim trzęsieniu ziemi, w maju 2015 roku, Indie natychmiast pospieszyły Nepalowi na ratunek, wysyłając pięćset siedemdziesiąt jeden ton artykułów pierwszej potrzeby oraz jednostkę wyspecjalizowaną w walce ze skutkami katastrof naturalnych. Wyasygnowały także pomoc finansową wysokości prawie siedemdziesięciu milionów dolarów oraz obiecały następny miliard w formie grantu i nisko oprocentowanej linii kredytowej. Wszyscy jednak w Nepalu pamiętają, że zaledwie pięć miesięcy później, nie bacząc na problemy wywołane tragiczną w skutkach katastrofą, w odpowiedzi na ograniczenie praw obywatelskich jednej z indyjskich mniejszości narodowych zamieszkujących tereny przygraniczne, Delhi ogłosiło embargo na dostawy niemal wszystkiego – od leków i żywności po surowce energetyczne – zupełnie nie przejmując się tym, że decyzja ta pogrąży miliony Nepalczyków w jeszcze większym kryzysie.

Historia kontaktów nepalsko-chińskich jest równie długa jak historia relacji Nepalu z Indiami, ale w przeszłości nie były one ani tak intensywne, ani tak bliskie. Przede wszystkim Nepal graniczy z Chinami od niedawna. Wcześniej sąsiadował z Tybetem, a że Tybet rozlewał się po Azji Środkowej, Chiny mogły wydawać się Nepalowi odległe. Wkroczenie oddziałów Chińskiej Armii Ludowo-Wyzwoleńczej do Lhasy zmieniło jednak geografię polityczną tego regionu. Tym bardziej że pod koniec lat czterdziestych XX wieku polityczne ambicje Mao Zedonga poszybowały w górę. Marzyła mu się nie tylko kontrola nad państwem dalajlamów i dzisiejszą prowincją Sinkiang oddzielającą Chiny od Związku Radzieckiego, o czym między innymi piszą Jung Chang i Jon Halliday w monumentalnej biografii *Mao*. Profesor Bawa Singh z Centrum Studiów nad Azją Południową i Centralną przy Uniwersytecie Stanowym w opublikowanym w 2016 roku studium *China's Strategic Foray in the Post-Monarchy Nepal. Implications for India* [Strategiczny najazd Chin na republikę Nepalu w świetle politycznych celów Indii] twierdzi, że Mao chciał także przejąć kontrolę nad terenami wschodniego pasma Himalajów, przez Nepal i Sikkim po Bhutan, a marzenia te zawarł w idei „federacji mongolskich ludów Tybetu, Nepalu, Sikkimu i Bhutanu". I chociaż idei tej nie zmienił w rzeczywistość, działania, które prowadziła CHRL w Tybecie, a przede wszystkim cel tych działań, wymagały odpowiedniego ułożenia relacji z Nepalem. W 1954 roku Chiny i Nepal nawiązały stosunki dyplomatyczne, a sześć lat później, rok po pacyfikacji Lhasy, zawarły traktat o pokoju i przyjaźni. Aby tę przyjaźń umocnić, Pekin niemal natychmiast zaoferował Nepalowi trzy i pół miliona dolarów. Otrzymane środki król Mahendra zgodnie z oczekiwaniami sąsiada przeznaczył na budowę drogi z przełęczy Kodari do Katmandu, a lojalność ta bardzo się opłacała. W drugiej połowie lat sześćdziesiątych Chińczycy zgodzili się sfinansować połączenie drogowe Katmandu z Pokharą i dorzucili jeszcze na drogę z Katmandu do Bhaktapuru. Czego oczekiwali w zamian? Proste: rozwiązania problemu tybetańskich partyzantów ukrywających się w Mustangu. Niedługo po tym, jak ostatni z nich złożyli broń i dali się pokazowo zamknąć w nepalskim więzieniu, chiński rząd zaproponował następcy Mahendry współpracę wojskową, a więc wspólne ćwiczenia i zakup sprzętu na preferencyjnych warunkach.

Z roku na rok budowane po cichu więzi się zacieśniały. Gdy w drugiej połowie lat dziewięćdziesiątych świat zachodni odwrócił się od Nepalu w związku z wybuchem wojny domowej, Chiny nadal chętnie wspierały sąsiada z południa bronią, której nikt inny, poza indyjskimi maoistami wspierającymi rebeliantów, dostarczać nie chciał. Przy okazji także zaczęły zalewać Nepal wszystkim, co produkują w masowych ilościach, umiarkowanie inwestować, no i wślizgnęły się do Mustangu. Dzięki przejezdnej dla ciężarówek drodze przez przełęcz Kora La marna egzystencja niemal zapomnianych przez nepalskie władze mieszkańców Lo wreszcie się poprawiła. Jak się miało jednak szybko okazać, droga przez przełęcz i docierające nią koce, termosy i tani ryż to był dopiero początek nowego rozdziału w historii wzajemnych relacji obu krajów. Zwycięstwo maoistów, najpierw w wojnie domowej, a później w wyborach parlamentarnych, nadało im nowej dynamiki. Nie dlatego że maoiści byli wspierani przez lata wewnętrznego konfliktu przez

Chińczyków i po dojściu do władzy ochoczo postanowili spłacić swój dług. To analogiczne ugrupowania z Indii współpracowały z nepalskimi rebeliantami, jednak z chwilą, gdy bojownicy zmienili się w legalnie wybranych rządzących, sąsiad z północy okazał się bardziej potrzebny. Tym bardziej że nie tylko wzbogacił się do tego czasu, ale deklarował chęć podzielenia się swoim bogactwem i dalej, a nawet bardziej niż było to do tej pory, wspierać nepalski rozwój. Nowy rząd na dzień dobry otrzymał od Chińskiej Republiki Ludowej ponad dwa i pół miliona dolarów wypłaconych tytułem pomocy wojskowej. Wkrótce do nepalskiego ministra spraw wewnętrznych przyszło oficjalne zaproszenie do złożenia wizyty w Pekinie.

Z kim spotkał się Bhim Rawal w chińskiej stolicy w lutym 2010 roku? Z wierchuszką tajnych służb CHRL. O czym rozmawiano? Ian Jeffries, autor źródłowej analizy *Political Developments in Contemporary China. A Guide* [Kierunki polityczne współczesnych Chin. Przewodnik], powołując się na relacje prasowe i oficjalne dokumenty, dostarcza odpowiedzi na te pytania. Otóż przede wszystkim rozmawiano o współpracy przygranicznej, a konkretnie o zabezpieczeniu szlaków biegnących przez Himalaje. Chińczykom nie podobało się, że nepalskie władze przymykają oko na to, iż co roku około pięciu tysięcy Tybetańczyków przekracza nielegalnie granicę sobie znanymi górskimi ścieżkami. I chociaż od 1998 roku mniejszość tybetańska utraciła oficjalny status uchodźcy, który dawał Tybetańczykom mieszkającym w Nepalu takie sama prawa, jakie przysługiwały Nepalczykom, w 2000 roku odebrano im także możliwość pielgrzymowania do świętej góry Kajlas, po czym wprowadzono zakaz uroczystego świętowania urodzin XIV Dalajlamy, władze chińskie wciąż odczuwały niedosyt deklaracji ze strony nepalskiego rządu odnośnie do jego stanowiska wobec Tybetu i Tybetańczyków. Tym bardziej że osiem lat później w trakcie XXIX Letnich Igrzysk Olimpijskich w Pekinie telewizje z całego świata pokazały protesty Tybetańczyków w Katmandu, wzniesione falą nienawiści, która przy okazji olimpiady z Chin dotarła także do Nepalu. Nepalska policja brutalnie je stłumiła, ale strona chińska nadal odczuwała niepokój, że takie incydenty będą się powtarzać. Bhim Rawal zapewnił więc ponownie, że Nepal pozostanie wierny zasadzie „jednych Chin", oraz zobowiązał się, że jego kraj nie stanie się przestrzenią dla jakiejkolwiek antychińskiej działalności, a rząd w Katmandu zrobi wszystko, by w rejonie przygranicznym nie dochodziło do jakichkolwiek antychińskich poczynań. Zgodził się także na to, by skierować tam więcej żołnierzy. W zamian strona chińska zobowiązała się uruchomić i sfinansować program szkoleniowy nepalskiej armii oraz logistycznie wesprzeć całe przedsięwzięcie.

Dwa lata później do Katmandu przyjechał chiński premier Wen Jiabao. Aby nie dopuścić do antychińskich protestów, parokrotnie zmieniano termin wizyty, do ostatniej chwili unikając podania oficjalnej daty przyjazdu, a tuż przed przylotem Wena nepalska milicja prewencyjnie zatrzymała ponad setkę tybetańskich aktywistów. Przeczytawszy analizę tego spotkania na stronie internetowej indyjskiego think tanku Institute for Defense Studies and Analyses oraz liczne relacje prasowe, można powiedzieć, że znowu sprawdził się mechanizm z lat siedemdziesiątych, gdy w rewanżu za pomoc przy budowie kluczowych dla Nepalu połączeń drogowych król Birendra postanowił ostatecznie rozwiązać „kwestię Khampów" i ich powstania. W 2012 roku przekaz Pekinu brzmiał więc podobnie: „Drodzy Nepalczycy, chętnie wam pomożemy, tylko bądźcie posłuszni. Chcecie nowych dróg? Proszę bardzo, tylko żadnych antychińskich wystąpień. Chcecie nowocześniejszej armii? Nie ma sprawy, tylko pozwólcie nam nauczyć was pilnować waszych granic". Wen Jiabao, wyjeżdżając z Katmandu, obiecał „drogim Nepalczykom" prawie dwa miliardy dolarów pomocy rozwojowej, pięć na rozwój infrastruktury, a na odchodnym dorzucił jeszcze dwadzieścia milionów na programy dla wojska.

Nie wiem, czy ktokolwiek z mieszkańców Lo Manthangu i innych wiosek Górnego Mustangu wiedział o wizycie nepalskiego ministra spraw wewnętrznych w Pekinie albo o pobycie Jiabao w Katmandu, a tym bardziej o szczegółach rozmów przeprowadzonych w trakcie tych spotkań. Pamiętam natomiast, jaki popłoch wśród nich wywołał widok wypchanego chińskimi żołnierzami, pachnącego nowością land cruisera pędzącego w listopadowy poranek 2012 roku przez główną ulicę stolicy królestwa, które zresztą cztery lata wcześniej decyzją maoistowskiego rządu ostatecznie utraciło królewski status i autonomię. Poranek w stolicy Lo toczy się raczej niespiesznie. Powoli okrąża się rzędy młynków modlitewnych, później starannie zamiata ulice, wreszcie bez żadnej czasowej dyscypliny otwiera sklepiki i bary. Pośpiech do Lo Manthangu nie pasuje. A tym bardziej pośpiech terenówki wjeżdżającej do miasta w tumanach kurzu. Na sam jej widok przebywający na ulicy się rozpierzchli, a ci, którzy nie zdążyli uciec, odwracali wzrok. Jeszcze do niedawna jedynie król miał prawo poruszać się wierzchem po mieście, zwykli śmiertelnicy, nawet jeśli przyjeżdżali do Lo Manthangu konno, po przekroczeniu jego murów zsiadali z wierzchowców. Land cruiser zatrzymał się z całym impetem na placu prowadzącym do pałacu królewskiego, a pięciu żołnierzy pod bronią zaczęło przechadzać się bez celu po ulicy. Zaglądali do sklepików, jeden od niechcenia kopał we wszystko, co pojawiało się na jego drodze, drugi do kogoś zagadywał, trzeci, nie patrząc pod nogi, rzucił na ziemię niedopałek papierosa. Czuli się jak u siebie. W końcu to ich rząd pomógł zbudować Lobom drogę, przysłał zapasy żywności walczącym ze skutkami suszy mieszkańcom Samdzongu i Dheje, zgodził się na mały ruch przygraniczny umożliwiający Lobom dwa razy do roku wizytę w Tybecie w celach handlowych. To chińskie artykuły stoją na sklepowych półkach, a Lobowie śpią pod chińskimi kocami, noszą chińskie dresy i adidasy, gotują w chińskich garczkach i w chińskich termosach trzymają wrzątek.

Premier Modi oczywiście wie, dlaczego Chiny tak bardzo pomagają Nepalowi. I wcale mu się to nie podoba. Nie tylko dlatego że od kilku lat ChRL skutecznie uzależnia Nepalczyków od swoich towarów, przełamując indyjski monopol na inwestycje zagraniczne w Nepalu, że to Huawei wraz z Xiaomi, drugim chińskim gigantem telekomunikacyjnym, podpisały warte pięćdziesiąt milionów dolarów kontrakty na rozwój nepalskiej sieci komórkowej. Nie chodzi także o dyskryminację Tybetańczyków, gdyż ich los obchodzi rząd w Delhi umiarkowanie. Indiom przede wszystkim nie podoba się to, że wielki rywal coraz odważniej spogląda w kierunku Azji Południowej. To, co politolodzy zgrabnie nazywają wielką chińską strategią ożywienia Jedwabnego Szlaku na lądzie i na morzach, sprowadza się do roszczeń terytorialnych Pekinu wobec spornych archipelagów, budowy baz wojskowych i nowoczesnych portów wzdłuż wybrzeża Oceanu Indyjskiego od Sri Lanki po Pakistan oraz zacieśniania więzi gospodarczych z krajami, które podobnie jak Nepal zmagają się z wielkim niedostatkiem wszelakich dóbr. Wystarczy rzut oka na mapę i już wiadomo, że himalajskie przełęcze to dla Chin kontynentalne wrota do Azji Południowej. Bez Nepalu reanimacja Jedwabnego Szlaku się nie powiedzie. Obecność chińskich żołnierzy w Mustangu drażni więc premiera Modiego tak bardzo jak chińskie okręty wojskowe patrolujące szlaki handlowe Oceanu Indyjskiego. Dlatego między innymi, chcąc przy okazji zatuszować niesmak po ogłoszonym w 2015 roku embargo, spieszy z obietnicami, deklaruje zwiększenie budżetu na rozwój górskich prowincji w ramach indyjsko-nepalskiej współpracy gospodarczej, uderza w struny wielowiekowej przyjaźni i podkreśla kulturową symbiozę, wysyła ambasadora, by uroczyście otworzył sfinansowany przez Indie nowoczesny, przejezdny dla ciężarówek i ciężkiego sprzętu most nad Kaligandaki. Chińczycy jednak odpowiadają podobnymi działaniami. W znalezionym na półce w Himali Hotel magazynie „Himalaya Story" z października 2016 roku, sponsorowanym przez jedną ze wspólnych chińsko-nepalskich instytucji, czytam ociekające propagandą historie o udanym dzięki chińskiemu kapitałowi start-upie turystycznym w jednej z himalajskich dolin, inwestycjach infrastrukturalnych przeprowadzonych z „najwyższą troską" o zrównoważony rozwój, wspólnych planach odbudowy atrakcyjnych turystycznie miejsc zniszczonych przez trzęsienie ziemi, uruchomieniu nowych połączeń lotniczych z Chin do Nepalu, organizowanych wspólnie Targach Książki Tybetańskiej, szkole chińskiej medycyny tybetańskiej w Lhasie i wznowieniu ruchu pielgrzymkowego dla nepalskich buddystów wokół góry Kajlas. Braterskie więzi i wzajemna przyjaźń wyciekają z każdej strony magazynu, z każdego sfotografowanego uścisku dłoni i słów towarzyszących organizowanym wspólnie wydarzeniom.

Ani pracownice plantacji wysokogórskich ziół uruchomionej niedawno z indyjskiego grantu „Medical Plants Project" z okolic

Marphy, ani Cering Tamang, lokalny przewodnik trekkingowy, nie zastanawiają się nad tym, czy i dlaczego niewielki skrawek ziemi, nieurodzajnej i pozbawionej naturalnych bogactw, staje się obiektem wielkiej politycznej gry mocarstw. Pół wieku temu, gdy za sprawą decyzji podjętej w Waszyngtonie stało się tak po raz pierwszy, sprawa była prosta: Khampowie walczyli po stronie dharmy i Dalajlamy, należało więc dać im schronienie i chcąc nie chcąc, nawet jeśli nieświadomie, zaangażować się w czarno-białą, zimnowojenną rozgrywkę. Teraz jest inaczej. Cering Tamang myśli pragmatycznie:

– Tu nie chodzi o walkę „dobrych" i „złych". Chiny i Indie chcą tego samego, a rząd w Katmandu się nami nie przejmuje. Im na rękę jest zrzucać całą odpowiedzialność na innych. Kto nam tutaj, w Mustangu, pomógł zaraz po trzęsieniu ziemi? Chińczycy. I obiecali pomagać przez pięć lat. To, że jest jak dojechać aż do Pokhary, że Hindusi zbudowali w Dżomosom most i że ludzie z Mustangu uzyskali dostęp do chińskiego bogactwa, jest ważniejsze od polityki. Słyszałem, co złego Chińczycy zrobili w Tybecie i jak podstępnie się zachowywali. Sam jednak widziałem drogi, które tam zbudowali, nowe domy dla ludzi. Życie po drugiej stronie granicy jest na pewno znacznie łatwiejsze. Poza tym naszym sąsiadem są Chiny, nie Indie. Chociaż jeżeli Hindusi będą chcieli nam zbudować szpital, to też się ucieszymy. Nie chcemy jednak w Lo Manthangu chińskich żołnierzy.

W 2018 roku nie widziałam w Lo Manthangu żadnego. Spotkałam ich natomiast w pobliżu przełęczy Kora La. Nie pozwolili mi podejść pod słupek graniczny, choć nie zamierzałam przekraczać linii demarkacyjnej. Przegonili także pasterza, którego stado kóz rozpierzchło się niebezpiecznie w kierunku Chin. Kilka dni wcześniej nepalski policjant uprzejmie poinformował mnie, że w związku z wizytą indyjskiego premiera muszę dzień wcześniej, niż planowałam, opuścić hotel w Dżharkocie. Nie było dyskusji.

Ostatni król

मानिसहरुलाई रोग, जरा र मरणबाट
परस्परमा मैत्री चित्तले युक्त
HAVING RIGHT VIEW OF THE EXISTEN
JOYFUL FEELINGS INCREASE LI

OF FEAR OF OLD-AGE, SICKNESS, DEATH
MAY ALL GROW TO LOVE ANOTHER!
BY: VAJRADHARA NGORCHEN KUNGA SANGPO

Wedle miłości, z jaką swych poddanych
Dobry król strzeże i przed złem ochrania,
Tak też jest każdy z nich obowiązany
Wypełniać wolę władcy bez wahania[19].

Tuż przed świtem

15 grudnia 2016 roku odszedł *Gjel-po* (z tybetańskiego: król, książę) Dzigme Dordzie Palbar Bista, dwudziesty piąty następca Ame Pala. Choć nie lubił opuszczać Lo Manthangu, zimowe miesiące od kilku lat spędzał w Katmandu. Bardzo już stary i schorowany zmarł w szpitalu otoczony opieką swojej pięknej tybetańskiej żony Rani Sahib, adoptowanego syna i bratanków. Nepalska stolica, o tej porze roku najczęściej spowita mgłą, pożegnała go słońcem i rześkim powietrzem, które specjalnie chyba dla niego spłynęło z wysokich gór, spychając nieprzyjemną zimową aurę jeszcze niżej w doliny. Zawsze zatłoczona i ruchliwa Boudha Road prowadząca do zamieszkanej przez Tybetańczyków dzielnicy, gdzie mieści się także dom królewskiej rodziny Bistów, zagęściła się jeszcze bardziej. Spontanicznie dołączający żałobnicy utworzyli wydający się nie mieć końca kondukt eskortujący ciało uroczyście wiezione w asyście rodziny ze szpitala Om do buddyjskiej świątyni w Bodnath. Czterodniowe uroczystości pogrzebowe miały rozpocząć się w pobliżu najsłynniejszej na świecie wielkiej glinianej stupy zwieńczonej turkusowym malunkiem wszystkowidzących oczu Buddy i złotą iglicą, z której powiewają rozwieszone na wszystkie strony świata flagi modlitewne. Trudno policzyć, ile godzin mnisi odprawiali rytualne modły i ile osób przyszło złożyć monarsze ostatni hołd. Wnętrze świątyni rozbłysło światłem setek maślanych lampek, tonąc w pomarańczu przyniesionych w ofierze aksamitek

i bieli jedwabnych khat. Gdyby Dzigme Dordzie Palbar Bista był zwykłym śmiertelnikiem, czekałby go najprawdopodobniej pogrzeb powietrzny. Mężczyźni należący do rodziny rozczłonkowaliby jego ciało, zostawiając ziemskie szczątki ptakom drapieżnym. Wysoko urodzonych tradycja nakazuje jednak chować inaczej. Czwartego dnia ceremonii, po honorowej salwie wystrzelonej przez nepalskich żołnierzy, ciało monarchy zostało skremowane. W odległym Lo Manthangu rozbrzmiała ta sama co w Bodnath zbiorowa modlitwa. Jej słowa, gubiąc się w jednostajnej melodii wydobywanej z wiekowych *rag-dung*, *damaru* i *rolmo*, trąb modlitewnych, bębnów i talerzy, pożegnały ostatniego króla Górnego Mustangu.

Dzigme Palbar, Jaśniejący Chwałą, urodził się w 1930 roku w pałacu w Lo Manthangu, którego później tak bardzo nie lubił opuszczać. Bista to nazwisko nadane w XIX wieku rodzinie królewskiej przez władze nepalskie, w wolnym tłumaczeniu oznacza dostojność i chwałę, co chętnie podkreśla krótki przewodnik po Lo Manthangu wydany przez fundację powołaną przez członków rodziny królewskiej w celu ochrony dziedzictwa kulturowego Górnego Mustangu. To nie on miał zostać królem Lo. Był trzecim, najmłodszym synem Tenzina Dhadula. Nie czekał więc na niego ani tron, ani miejsce przeora klasztoru w Ćarangu, tradycyjnie należne drugiemu w kolejności monarszemu synowi. Mógł liczyć na wolny od oficjalnych obowiązków żywot księcia – utracjusza spędzającego młodość w jednej ze szkół z internatem w Dardżylingu w Indiach. Stało się jednak inaczej. Po pierwsze, styl bon vivanta z owianego legendami królestwa nie leżał w jego charakterze i zamiast do szkoły w Dardżylingu udał się po nauki do klasztoru Taszilunpo, siedziby panczenlamy w Rikaze, o dzień drogi na południowy zachód od Lhasy. Z Rikaze przywiózł również żonę, córkę tybetańskiego rodu arystokratów, o niebywale szlachetnych rysach i spojrzeniu, którego łagodności nie sposób zapomnieć nawet po jednym tylko spotkaniu. Po drugie, los nie oszczędzał członków rodziny królewskiej od chorób i przedwczesnych zgonów. Jego wiekowy ojciec, zmęczony panowaniem w czasach nepalskiej rewolucji, na skutek której Lo utraciło dużo ze swojej autonomii, a mimo że on sam zachował część przywilejów i uprawnień, postanowił przekazać władzę najstarszemu synowi. Panowanie Angdu Njingpo trwało jednak tylko trzy lata. Zdążył jedynie odebrać nominację na stopień kapitana Nepalskiej Armii Królewskiej oraz rok później honorowy medal nepalskiego monarchy. Zmarł w 1958 roku, a jego przedwczesne odejście zmusiło starego ojca do ponownego objęcia tronu. Chcąc zachować ciągłość dynastii, nie miał innego wyjścia, jak tylko poczekać na powrót najmłodszego z synów z tybetańskiego klasztoru, gdzie ten pobierał nauki. Ostatecznie Dzigme Dordzie Palbar Bista zastąpił ojca dopiero po jego śmierci, w 1964 roku. Miał wówczas trzydzieści cztery lata.

Na czarno-białym zdjęciu z 1975 roku, pierwszej fotografii pary królewskiej zrobionej w Katmandu podczas uroczystej koronacji króla Birendry, stoi wysoki, silny mężczyzna w sile wieku, o szlachetnych tybetańskich rysach i odważnym spojrzeniu. Jego strój jest wytworny, podobnie jak szaty jego małżonki. Lewe ucho króla zdobi długi, turkusowy kolczyk, który zakładać będzie później na wszystkie ważne ceremonie. Emanuje z niego dostojność i powściągliwość, choć historia dwudziestowiecznych relacji Nepalu z Mustangiem pozwala nam przypuszczać, iż przyjazd pary królewskiej na koronację nepalskiego następcy tronu był bardziej wizytą „ubogich krewnych" niż przybyciem „honorowych gości".

Dwudziestemu piątemu następcy Ame Pala przyszło rządzić królestwem, które swój złoty wiek już dawno miało za sobą. Terytorium obejmujące niegdyś Górny i Dolny Mustang, Dolpo oraz Manang skurczyło się wraz z upływem czasu do siedmiu osad rozmieszczonych w odstępie kilku godzin pieszej wędrówki nad górnym korytem rzeki. Jego przodkowie byli sukcesywnie pozbawiani ziem podbitych przez założycieli królestwa, tracąc równocześnie prawo do fiskalnej kontroli nad solnym szlakiem i inne przywileje, które zasilały nadwerężony budżet. Dzigme Dordzie Palbar Bista otrzymał więc w spadku prawo do tytułu królewskiego oficjalnie nadawanego na dworze w Katmandu oraz odziedziczony po poprzednikach obowiązek opieki, bardziej duchowej niż formalnej, nad terytorium od północy zamkniętym żelazną granicą bacznie strzeżoną przez chińskich żołnierzy, składającym się z kilku podupadłych wiosek zamieszkanych przez mniej więcej pięć tysięcy w większości niepiśmiennych mieszkańców. Reforma rolna wprowadzona na fali przemian demokratycznych w latach pięćdziesiątych przez nepalskiego króla Tribhuwana pozbawiła jego ojca prawa do ziemi, której absolutnymi zwierzchnikami przez stulecia byli królowie z Lo Manthangu. W rzeczywistości jednak w Górnym Lo władze nepalskie aż do 1990 roku były właściwie nieobecne. Nadal więc do królewskich obowiązków należało podejmowanie decyzji o sprzedaży lub wymianie gruntów dokonywanej przez poddanych, rozsądzanie wszystkich cywilnych sporów i spraw kryminalnych, a od jego orzeczeń nie było odwołania. Poza tymi uprawnieniami Dzigme Dordzie Palbar Bista odziedziczył także rozsypujące się rezydencje królewskie, wiekowy księgozbiór i sporo bezcennych – czego zresztą nie był do końca świadom – dzieł sakralnej sztuki tybetańskiej, które wszak przykryte kurzem, przez co pozbawione swojej boskości, i tak nie miały dla niego wielkiej wartości. Na ziemiach jego królestwa nie było bogactw naturalnych, nie miał więc ani czego wydobywać, ani czym handlować z resztą świata. Warunki naturalne nie sprzyjały uprawie zbóż, a ograniczony na skutek zamknięcia przez chińskie władze granicy dostęp do pastwisk znacznie zmniejszył możliwość hodowli zwierząt. Zamiast tego w Lo Tso Dhun pojawili się Khampowie, którym jego ojciec obiecał dać schronienie i których jałowa ziemia musiała jakimś cudem wyżywić.

Przez większość swojego długiego życia mieszkał w sześciusetletnim, zbudowanym z błota, gliny i kamieni pałacu ze stu ośmioma pokojami rozmieszczonymi na czterech piętrach, z których tylko najwyższe nadawało się do użytku. Niższe kondygnacje, z wyjątkiem zdobionej piętnastowiecznymi malowidłami rodzinnej kaplicy na trzecim piętrze, dawno temu zostały opuszczone. Wśród porzuconych mebli, z których pewnie każdy mógłby znaleźć się na prestiżowej aukcji antykwarycznej, biegały myszy, w zacisznych zakamarkach ptaki wiły gniazda. Królewski dwór składał się z osobistego sekretarza monarchy odpowiedzialnego między innymi za kontakty z nepalskimi władzami prowincji oraz z trzech służących zajmujących się prowadzeniem domu i kuchnią. Poza tym Dzigme

Dordzie Palbar Bista, jak na króla przystało, miał także osobistą ochronę. A konkretnie trzy mastiffy tybetańskie i jednego ochroniarza o potężnej sylwetce, który z przewieszonym przez ramię muszkietem, być może pamietającym ostatnią wojnę z Tybetem, towarzyszył królowi w każdej, nawet najkrótszej podróży poza mury pałacu. Gdy zaś monarcha udawał się na przykład do Dżomosom lub do Katmandu, dodatkową eskortę stanowili jego liczni bratankowie. W odróżnieniu od króla, który podobnie jak większość starszych mieszkańców Górnego Mustangu mówił tylko po tybetańsku, biegle posługiwali się językiem nepalskim, a niektórzy z nich, wykształceni w prywatnych szkołach w Indiach, także angielskim. Dzigme Dordzie Palbar Bista niechętnie zresztą opuszczał swoje królestwo. Wolał każdy dzień zaczynać od porannej kory – okrążenia murów Lo Manthangu połączonego z modlitwą, w której to czynności lubili mu towarzyszyć starsi mieszkańcy stolicy. Szedł powoli, krok za krokiem, prawą ręką wprawiając w ruch młynki modlitewne w długich rzędach rozmieszczone wzdłuż najważniejszych ulic miasta.

W wymiarze materialnym królewskiemu majestatowi ostatniego następcy Ame Pala daleko więc było do standardów panujących choćby na dworze w Katmandu, a co dopiero w innych stolicach, gdzie monarchistyczna forma rządów, nawet jeśli okrojona do symbolu, wciąż trwała. Nepalski król rezydował w reprezentacyjnym pałacu, zasiadał na tronie z kobrą, na publiczne uroczystości jeździł karocą otoczony imponującym orszakiem, a chociaż w jego królestwie prawie nie było dróg, w garażu trzymał jaguary i rolls-royce'y. Poza rozsypującymi się rezydencjami majątek Dzigme Dordzie Palbara Bisty stanowiły jedynie owce, kozy i konie. Zdarzało mu się pracować przy żniwach i zawsze osobiście doglądał tych prac, a po swoich włościach poruszał się konno. Wierzchowców, które dosiadał, nie można jednak nazwać rumakami. Nawet te z troską hodowane w królewskich stajniach nie są reprezentacyjne. To kuce tybetańskie, często skrzyżowane z innymi rasami występującymi w rejonie Himalajów i Azji Środkowej. Są silne i dzielne, ale przy tym drobne i niskie.

Owszem, na uroczystości król wkładał żółtopomarańczową lub ciemnobordową jedwabną czubę ozdobioną dekoracyjnymi haftami, ręcznie wyszywane, filcowe botki, zaplatał siwiejące włosy w warkocz o stu ośmiu splotach i spinał go wokół czoła, wkładał do lewego ucha długi kolczyk z turkusu i stosowne do okoliczności nakrycie głowy – albo czerwonozłoty kapelusz z piórem, albo futrzaną czapę. Na co dzień jednak cenił sobie wygodę chińskich bluz dresowych, najchętniej rozpinanych na zamek błyskawiczny, i spodni z poliestru lub podrabianych dżinsów. Nieważne jednak, czy na uliczkach Lo Manthangu pojawiał się w stroju odświętnym czy w chińskim dresie, na jego widok poddani zawsze wystawiali język w geście największego szacunku. Był ich *Chos-rgyal*, z tybetańskiego „Królem Dharmy", strażnikiem religii. Wierzyli, że jego codzienne modlitwy i medytacja, a nade wszystko czystość jego intencji przyniosą ich ziemi spokój i harmonię. Był łącznikiem między dwoma światami: tym materialnym, codziennym, wytłumaczalnym a tym niewidzialnym, duchowym i trudnym do zrozumienia. Przewodził ich życiu w stolicy i w odległych wioskach, stojąc na straży ciągłości wiekowej tradycji i siły religijnych więzów.

Niewiele mówił, raczej słuchał. Ważył słowa i podobno nigdy nie wydawał pochopnych sądów, nawet w sprawach tak błahych jak sąsiedzkie zatargi o miedzę czy przypadkiem okaleczone zwierzę. Z całym królewskim dostojeństwem odwiedzał pasterzy w ich obozowiskach, popijał z nimi tybetańską herbatę, doglądał stad. A jak trzeba było ratować przed ostateczną ruiną najstarsze i najświętsze klasztory królestwa, nie wahał się wyruszyć w swoją pierwszą, nie licząc Tybetu, zagraniczną podróż. Kilka miesięcy wcześniej fundator i prezes The American Himalayan Foundation Richard Blum zaoferował pomoc, a Dzigme Dordzie Palbar Bista przekonał go, że to, czego potrzebują jego poddani, to w pierwszej kolejności nie szkoły i szpitale, ale odnowione świątynie, wokół których skupia się całe życie królestwa.

Z nadzieją, że jego wizyta w Stanach Zjednoczonych ułatwi zbieranie niezbędnych funduszy, przyjął zaproszenie od amerykańskich filantropów. Wczesnym latem 1995 roku członkowie oficjalnej królewskiej delegacji z monarchą na czele wsiedli w Lo Manthangu na konie i po trzech dniach podróży doliną Kaligandaki znaleźli się na lotnisku w Dżomosom, skąd małym rejsowym samolotem odlecieli do Pokhary, następnie do Katmandu, a stamtąd do Chicago. Król miał sześćdziesiąt pięć lat, gdy po raz pierwszy zobaczył ocean, nowoczesne miasta, drapacze chmur, niekończące się samochodowe korki i metro. Jak donosi „Chicago Tribune" w wydaniu z 20 czerwca 1995 roku, wizyta rozpoczęła się od kolacji, na której podano między innymi krewetki. W języku tybetańskim takie słowo nie istnieje, tłumacz wybrnął więc z sytuacji, nazywając podane skorupiaki „robakami z morza". Król uprzejmie, ale nieśmiało skosztował tylko jeden kęs egzotycznej potrawy. Dzień później zachwycił się za to bogactwem roślin w chicagowskim ogrodzie botanicznym. Największe wrażenie jednak wywarł na nim sztuczny staw. „To więcej wody niż w całym moim kraju" – szepnął ponoć z zazdrością, patrząc na oczko wodne.

Z Chicago poleciał do Waszyngtonu, gdzie na zaproszenie senator Dianne Feinstein, żony Richarda Bluma, miał pojawić się w Kapitolu jako specjalny gość amerykańskiego senatu. Następnie delegacja udała się do Nowego Jorku, gdzie najpierw z pokładu helikoptera pokazano królowi Manhattan, a kilka godzin później w nowojorskiej siedzibie Explorers Club odbyła się zbiórka pieniędzy na odnowę klasztorów w Lo Manthangu. Na tym spotkaniu król wyjawił swoje intencje. Ustami tłumacza, Norbu Tenzinga Norgaya z American Himalayan Foundation, zwrócił się do przybyłych z bezpośrednim apelem o wsparcie: „Nasze małe królestwo potrzebuje waszej pomocy. Musimy przeskoczyć z XV wieku od razu w wiek XXI. Dlatego właśnie tutaj jesteśmy".

Mówił o starych klasztorach i potrzebie ich renowacji, ale także o szkołach i szpitalach. Dopytywał o oczekiwania turystów, których liczba z dwustu rocznie urosła do tego czasu do tysiąca. I nie chodziło mu tylko o ich wygody, ale o delikatne środowisko naturalne i kulturowe jego królestwa, zupełnie niegotowego na erę nowoczesności. Wyjeżdżał zagubiony, ale nie oszołomiony. Na odchodnym podzielił się po cichu z jednym z gospodarzy swoimi przemyśleniami: „Jesteśmy bardzo biednym krajem, a wy jesteście krajem bardzo bogatym i czystym. Ale jesteście bardzo zajęci, za bardzo. Powinniście poświęcić więcej czasu na swoją kulturę i duchowość".

Dzigme Dordzie Palbar Bista i jego małżonka Rani Sahib starzeli się z pozbawioną przepychu godnością. Razem, co nie było takie oczywiste. Jedyny potomek królewskiej pary zmarł przed dziesiątymi urodzinami. Król, z uwagi na zachowanie ciągłości dynastii, miał więc prawo wziąć sobie drugą żonę. Nie zrobił tego jednak. Nie chciał zranić kobiety, która dla niego zdecydowała się porzucić ukochany Tybet. Kwestię dziedzictwa udało się zresztą ostatecznie rozwiązać, adoptując syna starszego z królewskich braci, byłego przeora klasztoru w Ćarangu, owianego aurą obyczajowych skandali. Mimo to na kolorowych zdjęciach z ostatniego dwudziestolecia nie sposób nie zauważyć smutku w pięknych, migdałowych oczach królowej. Trudniej też dostrzec siłę i odwagę bijące z królewskiego spojrzenia uchwyconego na pierwszej czarno-białej fotografii. Widać na nich raczej stroskanego, nękanego wątpliwościami mędrca.

Po powrocie z Ameryki, jeszcze bardziej niż przed tą podróżą, obawiał się zmian, które nieuchronnie i zważywszy na trwające tam kilkaset lat zatrzymanie w czasie za szybko spadną na jego królestwo. Mimo to nie unikał kontaktów z przyjezdnymi. W drugiej połowie lat dziewięćdziesiątych prócz anonimowych turystów, dla których władca także znajdywał czas, przez salę audiencyjną na czwartym piętrze pałacu, przywiedziona aurą zaginionego królestwa przewinęła się elita zachodnich dziennikarzy, pisarzy podróżników, fotografów pracujących dla renomowanych magazynów, archeologów i antropologów. Siedząca u boku męża królowa pozostała nieśmiała, schowana za osłoną swojej jak zawsze subtelnej królewskości, Dzigme Palbar zaś kurtuazyjnie popijał z gośćmi słoną maślaną herbatę i cierpliwie odpowiadał na pytania, które zapewne musiały brzmieć podobnie. W zamian oczekiwał jedynie od gości, że po powrocie do domów opowiedzą innym o jego poddanych, o Lo Manthangu, a przede wszystkim o tym, że stare buddyjskie królestwo wciąż istnieje.

Niestety, nie miałam tyle szczęścia, co Tiziano Terzani, Peter Matthiessen, Sienna Craig, Iwona i Jacek Drózdowie i wielu innych[20]. Jesienią 2012 roku, gdy po raz pierwszy znalazłam się w stolicy Górnego Mustangu, Dzigme Dordzie Palbar Bista wyjechał do

Katmandu. Niedomagał i coraz rzadziej przebywał w swoim pałacu. Duchem obecny był jednak w każdym domu, w każdym sklepiku, w każdej hotelowej restauracji. Ozdobione białymi khatami zdjęcia jego i Rani Sahib stały lub wisiały tuż obok największych świętości – fotografii XIV Dalajlamy i pałacu Potala, starej rezydencji dalajlamów w Lhasie. Znajoma, która odwiedziła wówczas Lo Manthang późnym latem, opowiadała mi, że w trakcie uroczystego pochodu kończącego Jarthung, jesienne dożynki, korowód miejscowych dostojników otwierał odświętnie osiodłany królewski ogier, a poddani przeciskali się, by „na szczęście" dotknąć jego podkowy. Na dziedzińcu klasztoru Czode, gdzie odbył się wielki finał kilkudniowych uroczystości, krzesła tradycyjnie zajmowane przez parę królewską stały puste, przed nimi na stoliku oczywiście ich zdjęcie i dwie czarki z herbatą – symbol oczekiwania na pomyślny powrót.

Cztery lata wcześniej, w 2008 roku, Nepal oficjalnie przestał być monarchią. Parlament wyłoniony w pierwszych po zakończeniu krwawej, wieloletniej wojny domowej wyborach powołał Federalną Demokratyczną Republikę Nepalu, kończąc tym samym długą historię nepalskiej monarchii. Przy okazji królewski tytuł utracił także Dzigme Dordzie Palbar Bista. Rozentuzjazmowane tłumy wyległy wówczas na ulice Katmandu hucznie i kilka dni świętować obalenie znienawidzonego króla Gjanendry, ostatniego władcy z dynastii Szahów, obwiniając go o wszystkie nieszczęścia, które w ostatnich burzliwych latach spłynęły na ten nierozpieszczany przez historię i naturę lud. Gdy wiadomości z nepalskiej stolicy o brzemiennych w formalne skutki postanowieniach parlamentu dotarły do Lo Manthangu, na ulice nie wyszli ani protestujący, ani wiwatujący. Dzigme Dordzie Palbar Bista, z tytułem czy bez, pozostał ich królem. Nauczony doświadczeniami ostatnich pokoleń nie przejął się szczególnie utratą oficjalnego prestiżu. Dopóki pozwalały mu siły, doglądał już nie swoich ziem i nadal dbał o swoich poddanych. Jedynie wierny i zawsze mu towarzyszący strażnik musiał w związku z politycznymi zmianami rozstać się ze starym muszkietem. Zwykłemu śmiertelnikowi nie przysługiwała wszak uzbrojona ochrona.

Tak jak przewidywał, przez ostanie dwie dekady w jego królestwie zmieniło się więcej niż przez ostatnie sześć stuleci. Zbudowano drogę, jest elektryczność. Nawet w pałacu królewskim pojawił się telewizor nadający kilka chińskich kanałów z Tybetu, a wnuk monarchy, niepełnoletni wówczas rinpocze (przeor) klasztoru Czode, uwielbiał w wolnych od nauki chwilach grać na PlayStation. Część rodziny królewskiej rozjechała się po świecie, część odcina kupony od rozwoju turystyki. Przedsiębiorczy bratankowie założyli hotele, fabryki dywanów, agencje trekkingowe i na co dzień nie obnoszą się ze swoją królewskością. Niekoronowany następca Dzigme Dordzie Palbara Bisty uważa jednak, że Lo zachowa swoją tożsamość, jeśli przetrwa pamięć o starej dynastii.

Karma

Jest coś głęboko poruszającego w tybetańskim stylu życia, w jego religijnej istocie. Można instynktownie wyczuć, że gdyby cywilizacja ta została zniszczona i zastąpiona inną, będącą jedynie kolejną imitacją nas samych, świat stałby się o nią uboższy.

Jeremy Bernstein, „New Yorker" 1987

Zapamiętałam go już po pierwszym spotkaniu. Wbiegł do szkolnej sali modlitewnej, w której dzięki uprzejmości Mohana mogliśmy świętować ósme urodziny J. Boso, bez skarpetek, w poplamionym dresie i w podkoszulku, chociaż po południu zrobiło się zimno. Wyglądał na rozrabiakę. W ręku trzymał piłkę i khatę. Z takimi białymi szarfami, ofiarowywanymi w Tybecie na pierwsze powitanie lub na szczególną okoliczność, pojawili się zresztą wszyscy goście naprędce zorganizowanego przyjęcia, czyli uczennice i uczniowie Shree Tibetan Medicine School w Dźharkocie w wieku od pięciu do dwunastu lat. Większość z nich jednak ochoczo uczestniczyła w przygotowaniach do imprezy i miałam wrażenie, że nie mogła się doczekać zbiorowego odśpiewania *Happy Birthday*. Karma przyszedł spóźniony, khatę owszem, wręczył, ale przy „Sto lat" milczał. Stał tylko w kącie i obserwował zebranych, ale ponieważ jego oczy są bardziej skośne niż oczy Lobów, a płaska twarz przypomina twarz Buddy albo Padmasambhawy z wizerunków na ścianach okolicznych świątyń, spojrzenie to wydawało się nieprzeniknione i obojętne, jeśli nie prowokacyjne. Pomyślałam, że nie jest zadowolony z naszej obecności i że najpewniej uważa nas za ciekawskich intruzów, którzy lada moment zaczną zadawać mu mnóstwo pytań w stylu: „Jak ci się żyje w Mustangu?", na które będzie zmuszony odpowiadać swoim składającym się z kilku nauczonych niedawno wyrazów, łamanym angielskim, przy okazji jeszcze pozując do zdjęć.

Wielu turystów odwiedza szkołę w Dźharkocie także dlatego, że mieści się ona przy klasztorze znanym z legendy o posągu, który nie chciał opuścić tego miejsca. Przybysze zwiedzają świątynię, zaglądają do szkolnej kuchni, wchodzą do sali modlitewnej, jeśli jest otwarta, i nie ściągają przy tym butów, proszą uczniów, by ustawili się do fotografii, z reguły zostawiają parę dolarów lub kilkaset rupii i odchodzą kontynuować swoją marszrutę. Tak, patrząc na Karmę obserwującego nas oczami Buddy, pomyślałam, że rzeczywiście zakłócamy ich spokój naszym turystycznym jestestwem i możemy być irytujący.

Wieczorem okazało się jednak, że powód, dla którego Karma nie bardzo chciał uczestniczyć w urodzinowym zamieszaniu, nie był aż tak poważny. Otóż tego popołudnia miał się rozegrać mecz piłkarski, który w związku z naszym przybyciem decyzją gościnnego dyrektora szkoły został odwołany. A Karma był kapitanem drużyny. Bał się, że przez nas gra, na którą wraz z resztą nie mógł się doczekać, w ogóle nie dojdzie do skutku. Był późny październik, w każdej chwili pogoda mogła się załamać, poza tym za parę dni miały się rozpocząć egzaminy semestralne. W końcu jednak Mohan zgodził się, by pojedynek odbył się nazajutrz, zamiast lekcji. Na nieprzeniknionej twarzy Karmy wreszcie pojawił się uśmiech.

Do dziś pamiętam ten mecz, rozegrany na wysokości trzech tysięcy siedmiuset metrów nad poziomem morza na rozległej, kamienistej łące-pastwisku pod ośnieżonym Thorung Peak. Z trzech powodów. Po pierwsze dlatego, że budził emocje porównywalne z poważnymi meczami rozgrywanymi na boisku prawdziwego, liczącego się klubu sportowego, obok którego mieszkam. Po drugie, radość ze strzelonego gola była okazywana spontanicznie przez wszystkich graczy, bez względu na to, po czyjej stronie padła bramka. A po trzecie dlatego, że mniej więcej po pięciu minutach gry najszybszy na boisku Karma postanowił ściągnąć dziurawe trampki i grać boso. Spojrzałam wtedy na swoje buty trekkingowe za kostkę z grubą podeszwą i jakoś ten mój profesjonalny strój wydał mi się zdecydowanie na wyrost. Po chwili z obuwiem, często za dużym albo za małym, rozstała się zresztą większość zawodników, także dziewczęta.

W drodze powrotnej z boiska do wioski wypytywałam Mohana o dzieci. Z których wiosek pochodzą, jak to się stało, że znalazły się w tej szkole, kto płaci za ich naukę, skoro rodziców na to nie stać. Niejedna z tych historii mogłaby posłużyć za materiał na film lub na reportaż o tym, jak naprawdę żyje się w Himalajach. Okazało się na przykład, że najczęściej tylko jedno dziecko z rodzeństwa jest wysyłane do szkoły albo że niektóre z dzieci, żeby dojść z domu do szkoły, potrzebują dwóch dni. I dlatego jest to szkoła z internatem. Dowiedziałam się też, że rząd nepalski nie dokłada ani jednej rupii do tej placówki, a to, że może ona funkcjonować, to zasługa austriackich i niemieckich entuzjastów, którzy kiedyś, przypadkiem, jak to czasami w podróży bywa, zatrzymali się w Dźharkocie, a później nie mogli zapomnieć ani o tej wiosce, ani o tamtejszych dzieciach. Pytałam także o Karmę. Usłyszałam, że pochodzi z sąsiedniej wioski Dźhong, leżącej na granicy Górnego i Dolnego Mustangu, że jego rodzina pochodzi z Tybetu, co tłumaczy kształt jego oczu i szerokie, płaskie kości policzkowe, oraz że urodził się w 1999 roku. Najprawdopodobniej.

– Jak to, Mohan? Dlaczego „najprawdopodobniej"? Dyrektorzy szkół z reguły wiedzą, kiedy urodzili się ich uczniowie – powiedziałam zdziwiona.

– Może, ale nie w Mustangu. Tutaj rzadko znamy konkretną datę czyichś urodzin. Niektórzy czasami ją wymyślają, żeby móc wpisać ją na przykład do dokumentów, ale tak naprawdę dzień, w którym się ktoś urodził, nie ma znaczenia. Ważne jest, jak wtedy świeciły gwiazdy, jaka to była faza Księżyca. To na tej podstawie astrologowie wybierają imię.

Mohan wiedział za to, i to prawie na pewno, że jego „najprawdopodobniej" jedenastoletni uczeń zostanie lekarzem, po tybetańsku *amczi*. Co więcej, był pewien, że Karma zostanie dobrym *amczi*. Dlaczego? Otóż jego dziadek i pradziadek, a być może i dawniejsi przodkowie byli w swoich czasach znanymi medykami. Pomyślałam, że to podobnie jak w naszym świecie, gdzie bardzo często lekarzami zostają synowie lub córki znanych profesorów medycyny, przejmują po nich praktykę, uczelniane stanowiska. Podobieństwo to jest jednak bardzo powierzchowne i ogranicza się tylko do kwestii dziedziczenia, które w tybetańskim świecie oznacza wiarę w reinkarnację i nie dotyczy stanowisk, ponieważ one w nim nie istnieją.

Medycyna tybetańska, stara jak kraj, z którego się wywodzi, jest systemem opieki zdrowotnej uznawanym przez Światową Organizację Zdrowia. W uproszczeniu można powiedzieć, że jej podstawą jest, podobnie jak medycyny chińskiej, holistyczne podejście do ludzkiej istoty, którą interpretuje jako mikroskopijną wersję wszechświata, uznając, że zespolone są w niej aktywne odpowiedniki ziemi, ognia, powietrza i wody. Mohan tłumaczył mi, że zachwianie proporcji między tymi elementami wywołuje chorobę. Nie jest ona jednak rozumiana jako niedomaganie jakiejś części ciała, ale jako zachwianie równowagi w całym organizmie, na skutek czego człowiek nie może prawidłowo funkcjonować. Żeby kogoś uzdrowić, należy tę równowagę przywrócić. Lekarze medycyny tybetańskiej diagnozują pacjenta na podstawie oceny pulsu, moczu i śliny. Puls bada się za pomocą palców: wskazującego, środkowego i serdecznego, których opuszki mają dwa punkty sensoryczne wyczuwające odpowiednie organy pacjenta, jego system nerwowy, trawienny i oddechowy. Mocz i ślinę analizuje się pod kątem gęstości, zapachu i koloru. I tyle. Na tej podstawie *amczi* podejmuje decyzję o leczeniu, a to najczęściej polega na odpowiednim doborze ziół, zwykle zbieranych na wysoko położonych himalajskich łąkach, po czym odpowiednio preparowanych. Stosuje się także masaże lub upuszczanie krwi. Znani lekarze przekazywali sobie tę wiedzę z pokolenia na pokolenie, od wczesnego dzieciństwa wtajemniczając następców najpierw w wiedzę o ziołolecznictwie, a potem w rozpoznawanie chorób. Przy okazji także rozwijali duchowe zdolności i techniki medytacyjne swoich uczniów, jako że medycyna tybetańska, jak wszystko w tym świecie, opiera się na wierze w siłę oczyszczających umysł buddyjskich tantr.

Dziadek Karmy swoją znaną w całej dolinie medyczną wiedzę posiadł od ojca, jeszcze w Tybecie. Umarł jednak zbyt wcześnie i nie zdążył przekazać jej wnukowi. Karma pamięta jedynie, że dziadek co pewien czas znikał z domu na kilka tygodni, konno jeżdżąc od wioski do wioski z sakwami pełnymi zrobionych przez siebie leków, a jesienią i wiosną na długie miesiące udawał się wysoko w góry, gdzie zbierał odpowiednie rośliny. Karma pamięta też, że wszyscy w jego rodzinie zawsze powtarzali mu, że zostanie lekarzem. Nie wie, czy miał to zapisane w gwiazdach świecących tego nieznanego z konkretnej daty dnia, w którym się urodził, czy też były inne dowody na to, że jest inkarnacją swoich przodków lekarzy. Jako jedenastolatek był jednak święcie przekonany, że tak właśnie się stanie.

Dwa lata później rzeczywiście rozpoczął naukę w instytucie medycyny tybetańskiej Nagtso Sorig Bumsche w Katmandu pod opieką *gesze*, po tybetańsku profesora, Denyi Shedupa. Nie da się porównać tej edukacji z naszymi studiami medycznymi. Po pierwsze dlatego, że inne są źródła tej wiedzy, a po drugie dlatego, że nauka trwa bardzo długo i nie istnieją konkretne kryteria, po których spełnieniu można przejść na następny etap, ani określona liczba lat praktyki, po której można rozpocząć samodzielną pracę. To *gesze* Shedup decyduje, czy uczeń jest na to gotowy.

Karmie szło dobrze. W październiku 2016 roku odwiedziłam studentów profesora Shedupa na praktykach z ziołolecznictwa, które odbyły się na Dhorpatan, płaskowyżu w masywie Dhaulagiri. Ponieważ wiedziałam, że Mohan zachęcał do podjęcia studiów medycznych także innych absolwentów swojej szkoły, chciałam spotkać nie tylko jego, ale również innych przyszłych lekarzy, których pamiętałam z pierwszego pobytu w szkole w Dżharkocie. Byłam ciekawa, czy i jak się zmienili. Karma wydoroślał, nabrał pewności siebie, nauczył się mówić po angielsku. Nosił się też bardzo stylowo (jak powiedziałaby moja córka). Jego oczy Buddy pozostały nieprzeniknione, a wyraz twarzy nieprzystępny, ale szybko mogłam się zorientować, że w ciągu tych lat, kiedy nie mieliśmy ze sobą kontaktu, nauczył się także empatii. To on razem z kolegą pomógł mi przejść odcinek z Burtiwangu na Dhorpatan, a wcześniej odebrał z Katmandu, zorganizował całą podróż, niełatwą z powodu wciąż nieusuniętych skutków letniego monsunu, który zniszczył odbudowane naprędce po trzęsieniu ziemi drogi, oraz trwającego festiwalu. (W Nepalu celebrowanie różnych świąt trwa zazwyczaj dwieście sześćdziesiąt dni w roku). W wyładowanym ludźmi, bagażami i hodowlanym drobiem autobusie zrobiło się strasznie duszno. Im stromiej wyjeżdżaliśmy, tym bardziej kręta stawała się droga, a twarze wielu podróżnych, szczególnie dzieci – bladozielone. Karma zarządził postój, najbardziej osłabionym podróżą i zakrętami nakazał wyjść na zewnątrz, napoił ich wodą i polecił równomiernie oddychać. Po tej przerwie dalszą część trasy przejechaliśmy bez większych kłopotów. Na miejscu opowiadałam profesorowi tę historię. Uśmiechnął się tylko.

– Oj, muszą się jeszcze dużo nauczyć.

Na Dhorpatanie znajduje się wioska zbudowana w latach siedemdziesiątych przez Szwajcarów z myślą o tybetańskich uchodźcach. Dziś większość gospodarstw stoi pustych, ewentualnie zamieszkują je nomadzi sezonowo wypasający na płaskowyżu bydło. Ci, którzy zostali, wiodą marny żywot zapomnianych przez nepalski rząd uchodźców z bolesną przeszłością, ale pozbawionych przyszłości. Któregoś popołudnia odwiedziliśmy z Karmą i innymi najdalej położone domostwa. Studenci mieli zanieść tam zapas leków na całą zimę. To nie była przyjemna wizyta. Na przyszłych lekarzy czekały bezzębne staruszki i brudne, zakatarzone dzieci z zaropiałymi oczami. Mężczyźni na nic nie czekali. Większość była pijana. Gdy wracaliśmy, Karma, chcąc chyba usprawiedliwić przede mną to, co zobaczyłam, wypowiedział słowa, które w każdych innych okolicznościach mogłyby być idealnym przykładem młodzieńczej egzaltacji. Ale nie w tych. Nie na Dhorpatanie, skąd wszyscy chcą uciekać, tylko nie wszyscy mają dokąd.

– Nasza kultura jest bardzo niematerialna. Żeby w dzisiejszych czasach przetrwała, trzeba mieć ją w sobie i nieustannie ją pielęgnować.

Owszem, Karma – o czym wiedziałam z naszych wcześniejszych rozmów w trakcie podróży – podobnie jak jego koledzy marzył o nowym smartfonie, stylowych dżinsach i skuterze. Jakimś cudem jednak – może to zasługa gwiazd, które świeciły w dniu jego narodzin, a może mądrości *gesze* Shedupa – wiedział, że jeśli ma zachować życiowy spokój, nie może zapomnieć świata, w którym wyrósł, ani się od niego odwrócić.

Z Dhorpatanu Karma pojechał na kilkunastomiesięczną praktykę do Dharamsali. Niedawno wrócił do Dźharkotu, by dalsze doświadczenie zdobywać u boku lekarzy z tamtejszego Shree Tibetan Medicine Centre, obok szkoły, w której kiedyś był kapitanem drużyny piłkarskiej. Podobno droga z Dźomosom, gdzie dojechał autobusem, do Dźharkotu zajęła mu kilka dni. Szedł od wioski do wioski, a wszędzie, gdzie się zatrzymywał, ustawiały się kolejki pacjentów. Jak niegdyś do jego dziadka.

Five star hotel

Miarowy dźwięk bębnów i słowa śpiewanej mantry zwiastują, że lada moment wielka, jedwabna tanka z wizerunkiem Padmasambhawy zrodzonego w kwiecie lotosu zawiśnie na zewnętrznej ścianie świątyni Czode. Od sześciuset lat wieszano ją w wyznaczony przez astrologów dzień trzeciego miesiąca kalendarza tybetańskiego naprzeciwko pałacu królewskiego, w tym roku jednak coroczna ceremonia została przeniesiona na dziedziniec najmłodszego z klasztorów w Lo Manthangu. To wyczekiwany przez Lobów z Lo Tso Dhun początek trzydniowego rytuału Tenpa Czirim, w dosłownym tłumaczeniu z tybetańskiego „nadziei, że buddyjska dharma zapanuje wśród ludzi", w skrócie nazywanego Tidzi. W ceremonii nie chodzi o próbę oświecenia nieoświeconych, ale o poskromienie złych mocy, a mówiąc jeszcze prościej, o to, by na świecie nastał pokój. Walkę z demonami toczy mityczne bóstwo, Dordzie Szunu, który odrodził się ponownie właśnie po to, by pokonać zło odpowiedzialne za ludzkie cierpienie. Cały rytuał to sakralny taniec czam wykonywany przez mnichów wyposażonych w przeróżne atrybuty siły, ubranych w kolorowe, brokatowe szaty, czarne kapelusze lub maski, które muszą być na tyle groźne, by to zło odstraszyć. Każdy krok, każdy gest oraz niewidzialne linie, po których poruszają się w takt bębnów, dźwięków wibrujących talerzy i przenikliwej muzyki gjalingów, tybetańskich obojów, mają znaczenie symboliczne.

Kreują sakralną przestrzeń, oczyszczają umysły oglądających ceremoniał uczestników z doczesności i przypominają o przemijaniu oraz nietrwałości życia. Dzięki sile tego tańca i różnorodności figur dobro zostaje na pewien czas odnowione, a demony pozbawione niszczycielskiej mocy.

Jak wszystko w Lo Manthangu, także tradycja Tidzi i rytualnej walki Dordzie Szunu ze złem rozpoczęła się w czasach panowania ojca założyciela królestwa Ame Pala. Ze wspomnianego wcześniej przewodnika wydanego przez rodzinę Bistów można się dowiedzieć, że to on zaprosił do Lo wielkiego mistrza szkoły sakja, który po przyjeździe do stolicy nowego królestwa po raz pierwszy w historii Lo odprawił rytualny taniec. Czterysta lat później, gdy na skutek lokalnych wojen i ambicji Gurkhów Lo utraciło na znaczeniu i osłabła kondycja gospodarcza królestwa, a na domiar złego dynastii groził brak następcy, panujący wówczas monarcha wezwał na ratunek innego wysokiego lamę. Ów dostojnik wcielił się w postać pogromcy złych mocy, a żeby swojemu tańcowi dodać siły, przywdziewał coraz to groźniejsze maski, nadając rytuałowi dzisiejszą formę. Strzałami z łuku przegnał demony za mury miasta, a ostatni z wystrzelonych grotów został zakopany ku przestrodze. Do dziś właśnie na tej samej łące rozgrywa się ostatni etap ceremonii, tyle że demon zamiast od strzał ginie ostatecznie, na wszelki wypadek uśmiercony po raz trzeci, od kul wypuszczonych ze starych strzelb. Król doczekał się następcy, a Lo, choć już nie tak bogate jak niegdyś, zdołało przetrwać. Gdy władze nepalskie zakazały organizowania festiwali religijnych w Lo Manthangu, mnisi z klasztoru Czode i tak odprawiali uroczystość, tyle że bez udziału wiernych. Działo się tak zresztą przez wiele lat, nawet po tym, jak rząd w Katmandu cofnął wydany wcześniej zakaz. Pewnego dnia jednak jednemu z miejskich dostojników objawiła się wizja klęski nieurodzaju, epidemii i głodu, która zdziesiątkuje mieszkańców Lo Tso Dhun, jeśli ceremonialnym tańcom nie będą towarzyszyć wierni. Dzigme Dordzie Palbar Bista natychmiast zwrócił się do przeora klasztoru Czode, by całemu rytuałowi przywrócić formę publiczną. W 1970 roku festiwal opuścił świątynne mury i ponownie stał się największym świętem Lobów.

W 2018 roku astrologowie uznali, że Tidzi odbędzie się, zgodnie z naszym kalendarzem, w dniach od 12 do 14 maja. Zmierzając do Lo Manthangu, spodziewałam się wielkiej fety. Samo uczestnictwo w kilkudniowym pokonywaniu demona i ujarzmianiu złych mocy miało mniejsze znaczenie. Niewielka była szansa, by mój zachodni umysł zdołał szybko oczyścić się z popełnionych przeze mnie lub z mojej intencji złych uczynków i odnaleźć w wykreowanej przez rytuał przestrzeni *sacrum*. Chciałam jednak zobaczyć to, co wcześniej oglądałam na zdjęciach. Marzyłam o tym, by zamiast w niedopranych chińskich dresach ujrzeć Lobów w odświętnej odsłonie. Mężczyzn w kolorowych czubach, jedwabnych, podbitych futrem nakryciach głowy z opadającymi na czoło daszkami, pędzących do stolicy na udekorowanych koniach. Stanąć jak najbliżej kobiet, na tyle blisko, by dokładnie obejrzeć misterne sploty ich długich, cienkich warkoczy, podziwiać wkładane na specjalne okazje sznury turkusów przeplatanych srebrnymi paciorkami, a najbardziej chciałam przyjrzeć się wyszywanym perłami i dużymi czerwonymi koralami opaskom zakładanym na głowę, które z każdej Tybetanki czynią piękność. Tłumaczyłam Purnie, mojemu nepalskiemu przewodnikowi z nizin, który nigdy wcześniej nie był na Tidzi, że to wielkie święto, że tradycja ożyje, że musimy iść szybko, dojść na miejsce dzień wcześniej i od rana wyglądać nadjeżdżających do stolicy całymi rodzinami wystrojonych mieszkańców okolicznych wiosek.

Tempo marszu istotnie nas pochłonęło, tym bardziej że pierwszego dnia wędrowaliśmy rzadko uczęszczanym przez trekkingowców szlakiem z Dżharkotu przez przełęcz Gju La do Ćhuksangu nad Kaligandaki. Nie spotkaliśmy żywej duszy i daliśmy się omamić błogiemu uczuciu samotnej wędrówki, a może nawet, zważywszy na cel naszej podróży, pielgrzymki. Dzień później nie spostrzegłam, że główny szlak niebezpiecznie się zagęszczał. Dopiero wieczorem w kolejce do łazienki, jednej z dwóch w Royal Mustang Hotel w Ghami, poczucie „samotności wśród gór" całkiem zniknęło. Hotel pękał w szwach. Żeby umyć zęby, musiałam poczekać, aż zrobi to szóstka francuskich rowerzystów, przerażona stanem sanitariatów Niemka mówiąca tylko w swoim języku, para z Holandii, przemiłe małżeństwo z Włoch, trzech Anglików z dziewczyną i grupa krzykliwych, przejętych wszystkim wokół amerykańskich fotografów, którzy bali się, że zmarzną albo że następnego dnia spali ich słońce, wezmą za mało albo za dużo wody i będzie im ciężko. Nazajutrz poznani wieczorem znajomi o tej samej porze zjedli śniadanie i jak na komendę opuścili gościniec, wcześniej obowiązkowo zaliczając „*my private home chapel*”, jak nazywała swój sklepik z tybetańską starzyzną i nowizną gospodyni, żona królewskiego bratanka. Odczekaliśmy godzinę, gawędząc z właścicielami hotelu o tym, co się zmieniło w ciągu minionych pięciu lat, po czym z nadzieją, że nie dogonimy wcześniej wybyłych trekkingowców, ruszyliśmy w drogę. Strategia zawiodła. Po pierwsze dlatego, że tuż za Ghami stoi najdłuższy *mani wall* (kamienny mur z wyrytymi na nim modlitwami) w Mustangu, obiekt *must-see* w turystycznym portfolio, po drugie dlatego, że nad ranem spadł śnieg i zamienił okolicę w scenerię jak z bajki, którą oczywiście każdy chciał sfotografować i robił to z zapamiętaniem. Dalej więc szliśmy już razem, jedni szybciej, drudzy wolniej, ale wszyscy w tym samym kierunku, do Lo Manthangu na Tidzi. Każdy z nas chciał zobaczyć jeden z ostatnich żywych rytuałów buddyzmu tybetańskiego.

Dzień później plan dnia ułożył się podobnie. Śniadanie i wymarsz, na koniec nieumówione, ale oczywiste spotkanie na ostatniej przełęczy przed Lo Manthangiem. Niemka z Włochami, ponieważ byli już zmęczeni, dotarli dżipem, rowerzyści dojechali o własnych siłach, Anglicy, Holendrzy i Amerykanie dzielnie doszli i czekali na swoich tragarzy. Gdy bagaże zostały przyniesione, wyciągnęli aparaty z długimi obiektywami, ustawili się tak, by przypadkiem nie wejść drugiemu w kadr, i w bardzo profesjonalnych pozach zajęli się tym, czym zajmuje się każdy, kto po raz pierwszy stanął na przełęczy, u której stóp znajduje się cel długiej wędrówki. Z tego miejsca zwarta zabudowa średniowiecznego miasta wyróżnia się z bezkresu pofałdowanej szarości jedynie konturami i ochrą wystających ponad nią klasztornych murów. Tam, gdzie przebiega linia horyzontu, zaczyna się Tybet. Jako że nie miałam rezerwacji hotelowej, musiałam ich pożegnać i czym prędzej ruszyć do miasta. W Tara Guest House znalazłam ostatni wolny pokój.

Wieczorem w mieście nie czuć było odświętnego nastroju. Po zachodzie słońca uliczki opustoszały, nowi znajomi ze szlaku zamknęli się w hotelowych pokojach. Spotkałam ich dopiero następnego ranka. Podobnie jak ja i wielu innych, wcześniej przeze mnie niewidzianych ludzi, krążyli po Lo Manthangu i okolicach, wypatrując oznak rozpoczynającej się za kilka godzin uroczystości. W stolicy jednak życie toczyło się jak w każdy inny dzień. O poranku pozamiatano ulice i obejścia, oporządzono zwierzęta, a gdy słońce wzeszło wyżej i zrobiło się cieplej, kobiety, kucając grupkami nad korytem strumienia biegnącego wokół miasta, zabrały się do przepierki i zmywania naczyń. Ani śladu przyjezdnych, wystrojonych Lobów. Godziny upływały, jak gdyby nic nie miało się wydarzyć. Koło drugiej po południu dotarły mnie dźwięki obojów nadchodzące z klasztornego dziedzińca. Mieszkańcy stolicy nie porzucili przydomowych zajęć, turyści natomiast pospieszyli za rozbrzmiewającą coraz głośniej melodią. Każdy chciał zająć jak najlepsze miejsce. Żeby wejść z aparatem fotograficznym, należało uiścić opłatę w wysokości tysiąca rupii nepalskich, około dziesięciu dolarów. Sprzedaż biletów odbywała się jednak niezwykle chaotycznie, tym bardziej że przy okazji kupujący próbowali na migi w ramach tej opłaty wynegocjować możliwość robienia zdjęć wewnątrz klasztorów, gdzie obowiązuje zakaz fotografowania. Przecisnęłam się przez tłum Japończyków, Chińczyków, Niemców i wielu innych przybyszów z dalekiego świata, których języków w szumie tła nie udało mi się rozpoznać. Miejscowych Lobów naliczyłam zaledwie garstkę.

Wizerunek Padmasambhawy zajmował prawie całą ścianę, wiatr co chwilę wybrzuszał którąś jego część, a rogi tkaniny trzepotały. Pod tanką ustawiono długi rząd niskich stolików i ławek z podwyższeniem na środku oraz tronem na końcu, przeznaczonym dla nieobecnego rinpoczego, wciąż niepełnoletniego, przebywającego na naukach w Indiach. Naprzeciwko i po lewej stronie dziedzińca, gdzie stały reprezentacyjne siedziska przeznaczone dla rodziny królewskiej, tłum zagranicznych gości gęstniał z minuty na minutę. Środek, miejsce zarezerwowane dla tancerzy, organizatorzy usilnie starali się utrzymać pusty. Mali mnisi z przyklasztornej szkoły, znudzeni przedłużającym się czekaniem, porozsiadali się na ustawionych po prawej stronie krzesłach oklejonych kartkami z napisem „VIP", najprawdopodobniej zarezerwowanych dla przyjaciół Bluma. Znajomi Amerykanie nie spuszczali z nich obiektywów.

Wielka chwila w końcu nadeszła. Miejscy dostojnicy i astrologowie złożyli na niewielkim, drewnianym ołtarzu tradycyjne dary w postaci sześciu misek wypełnionych ziarnem, wotywnych figurek *torma* ulepionych z masła, cukru i campy oraz kadzideł. Młodsi mnisi wyłonili się w szeregu zza klasztornych drzwi, zajmując odpowiednie miejsca. Do obojów melodyjnie dołączyły *rag-dung*, *damaru* i *rolmo*. Klasztorna starszyzna w bordowych szatach i wysokich nakryciach głowy w tym samym kolorze, z przeorem pośrodku, usiadła na stojących w rzędzie ławkach pod wielką tanką. Ich postacie na chwilę zastygły, komponując się w monumentalny kadr ostatniej wieczerzy. Pojawili się tancerze w jedwabnych szatach i czarnych kapeluszach. *Cowo*, główna postać rytuału wcielająca się w rolę Dordzie Szunu, rozpoczął dwugodzinny, miarowy taniec, prowadząc pozostałych tancerzy rytmem swoich kroków i figur. Dźwięki akompaniamentu rozniosły się echem po górach, a ruch tańczących zmieniał się w wirujący trans. Z każdym epizodem stawał się coraz groźniejszy. Fotografowie byli przyklejeni do aparatów, co rusz przepraszali pozostałych i zmieniali miejsce, wdrapywali się na okoliczne dachy, wychylali z klasztornych okien. Miałam wrażenie, że z największym trudem powstrzymują się przed wejściem w sam środek tanecznego koła, przestrzeni *sacrum*, niedostępnej dla publiczności. Gdy ruch tancerzy na chwilę zamierał, przenosili zainteresowanie na nielicznych miejscowych uczestników ceremonii, starając się przysunąć obiektywy jak najbliżej ich twarzy. Do końca dnia krzesła zarezerwowane dla rodziny królewskiej pozostały puste.

Wieczorem na scenie pod pałacem miał odbyć się występ zespołów ludowych. Spodziewałam się, że stare tybetańskie pieśni popłyną po uliczkach Lo Manthangu i miasto wreszcie ogarnie świąteczna atmosfera. Koncert zaczął się o czasie. Pierwszy zespół rzeczywiście wystąpił w ludowych strojach i zainaugurował wieczór rzewnym utworem, który słyszałam kiedyś jesienią, spacerując wokół Dźharkotu. Wykonywali go wówczas mężczyźni orający pole, a ich śpiew miał uspakajać narowiste dzo niechętnie ciągnące pługi. Zaraz potem jednak dziewczęta zrzuciły tybetańskie zapaski i zmieniły repertuar. Rozbrzmiały hity z Bollywood. Miejscowi się cieszyli, turyści mniej. Ja poszłam do hotelu.

Drugiego dnia festiwalu doszłam do wniosku, że pobyt w Lo Manthangu staje się równie przewidywalny, co siedmiodniowy pobyt w Alpach na nartach, kiedy to wszyscy uczestnicy narciarskiego turnusu wstają mniej więcej o tej samej porze, o ósmej trzydzieści jedzą śniadanie, po czym meldują się zbiorowo pod dolną stacją wyciągu, tworząc długą kolejkę. Następnie na kilka godzin rozjeżdżają się po trasach, by między dwunastą a pierwszą po południu wygłodniali jak wilki stoczyć walkę o stolik w restauracji przy stoku. O piątej ruszają na mały aperitif, a w ramach *aprés-ski* zasiadają do obfitej obiadokolacji. Wieczorem wino lub krótki spacer i do spania. Tego ranka zamiast dobywającego się z hotelowej kuchni ostrego zapachu przypraw dodawanych do śniadaniowych dań serwowanych w Mustangu obudził mnie aromat świeżo upieczonych słodkich bułeczek. Wywabił z pokoju i nakazał natychmiast zmierzać do pobliskiej Mystique Cafe, najlepszej kawiarni w mieście. Na ulicy poczułam się prawie jak w rodzinnym mieście. Na bułeczki dziarsko maszerowali także poznani w Ghami Niemka i Włosi spragnieni prawdziwego cappuccino. W drzwiach minęliśmy się z francuskimi rowerzystami, którzy zjedli śniadanie chwilę wcześniej i szczęśliwie dla nas zwolnili stolik. Zamierzali, podobnie jak zresztą każdy z nas, wyruszyć do pobliskiego Ćosar, atrakcyjnego ze względu na dwie piękne gompy oraz wciąż zamieszkany system jaskiń, do których z czasem dobudowano domostwa, oraz jedną niedawno odkrytą, zdobioną starymi malowidłami, w której niegdyś mnisi miesiącami oddawali się samotnej medytacji. Oni pojechali na rowerach, Niemka wraz ze mną dżipem, Włosi konno. Czy muszę dodawać, że o podobnej porze wszyscy spotkaliśmy się pod prowizoryczną kasą, gdzie sprzedawano bilety do niedawno odkrytej jaskini? Tuż obok, w równie prowizorycznej co kasa restauracji, zaprzyjaźnieni ze mną przyjaźnią przemierzonego razem szlaku amerykańscy fotografowie jedli wczesny lunch. Wymieniliśmy uwagi o pięknej pogodzie, niebywałym krajobrazie i pomachaliśmy sobie na pożegnanie tylko po to, by dwie godziny później ponownie wpaść na siebie przy wejściu do klasztoru Dziampa i razem zachwycać się pięknem niedawno odrestaurowanych mandali zdobiących wewnętrzne ściany świątyni. W oczekiwaniu na mającą się rozpocząć po południu drugą część festiwalowej ceremonii z rozpędu poszliśmy razem na kawę, obsiadając niewysokie stoliki w Mystique Cafe. Jak narciarzy na alpejskich stokach, nas także łączył wspólny *dress code* spodni trekkingowych, ciężkich, górskich butów i puchówek. Zastanawiałam się tylko, dlaczego ubrania Amerykanów, te same co poprzedniego dnia, lśnią czystością. Moje pokrywała kilkudniowa warstwa wszechobecnego w Lo Manthangu kurzu.

Tymczasem mnisi z klasztoru Czode szykowali się do popołudniowych uroczystości. Dla nich poranek rozpoczął się od wspólnej, wielogodzinnej modlitwy w głównej kaplicy świątyni i złożenia odpowiednich dla tego dnia ceremonii ofiar. Rozwieszona dzień wcześniej tanka została zmieniona na inną, równie dużą, jedwabną, z wyhaftowanymi wizerunkami Padmasambhawy w ośmiu różnych wcieleniach w asyście dwóch uosabiających oświecenie dakiń. Kilkugodzinny rytuał miał składać się z trzech tańców stopniowo podnoszących napięcie i odzwierciadlających narastającą determinację pokonania zła. Na dźwięk pierwszych taktów dobiegających do kawiarni z klasztornego dziedzińca każdy z nas poderwał się na równe nogi i ruszyliśmy w stronę świątyni. Pogodzona z tym, że marzenie o podziwianiu wystrojonych Lobów i przypatrywaniu się ich religijnym emocjom może i tego dnia nie zostać spełnione, chciałam sprawdzić, czy chociaż rodzina królewska pojawi się na uroczystości. Wiadomo było, że następca Dzigme Dordzie Palbara Bisty, adoptowany przez parę królewską syn starszego brata monarchy, książę Dzigme Songi Palbar Bista jest w stolicy. W związku z obaleniem nepalskiej monarchii jego prawny opiekun (przybrany ojciec) utracił prawo do tytułu królewskiego oraz wszystkie związane z tą funkcją przywileje, a on sam nie może liczyć na koronację. Podobnie jednak jak ostatni z królów Lo Tso Dhun również książę cieszy się dużym szacunkiem wśród dawnych poddanych i jest przez nich traktowany jak żywy symbol ich nieistniejącego już królestwa.

Powinien więc zająć przygotowane dla niego miejsce, złożyć stosowną ofiarę i czekać, aż zło zostanie pokonane.

Tak też się stało. Z równą ojcowskiej godnością Dzigme Songi Palbar Bista pojawił się na klasztornym dziedzińcu w asyście kilku kuzynów. Odświętnie ubrany zasiadł na reprezentacyjnym tronie. Na jego znak rozpoczęto ceremonię. Tańce okazały się bardziej dynamiczne niż poprzedniego dnia, a atrybuty siły zmieniały się na coraz groźniejsze. Tancerze wirowali w przebraniach szkieletów, które w następnej sekwencji zmienili na maski niebezpiecznych zwierząt. Wszystkie te stroje wykonano wieki temu ze szlachetnych materiałów, z troską o wszystkie ważne szczegóły, kolory, kształty, nie przypominają więc cepelii ze sklepów na turystycznym Thamelu, za to dobrze wychodzą na zdjęciach, zwłaszcza tych zrobionych z bliska, najlepiej z bardzo bliska. Tego zdania przynajmniej byli nieodrywający od nich aparatów amerykańscy fotografowie. W ostatnim epizodzie demon zostaje zwyciężony. Dordzie Szunu przebija go magicznym sztyletem i wyrzuca śmiertelnie ugodzoną słomianą kukłę w powietrze.

Jest późne popołudnie, prawie wieczór. Zrobiło się bardzo zimno. Rozglądam się po publiczności, starając się nie zwracać uwagi na Amerykanów przemieszczających się szybciej niż tancerze. Widzę jednak, że turystów ubyło, więcej jest za to mieszkańców stolicy. W strojach codziennych co prawda, ale z odświętnymi dodatkami. Młode dziewczyny w czystych jak nowe wełnianych, pasiastych zapaskach przez chwilę nawet kokietowały fotografów. Nie chciały jednak pozować do portretów.

Trzeciego dnia spodobało mi się jeszcze bardziej. Śniadanie w Mystique Cafe pyszne, poranne pogawędki o pogodzie ucięte, a do miasta przyjechał z kilkoma znajomymi Luigi Fieni, główny wykonawca prac restauracyjnych w tutejszych klasztorach. Znowu więc spotykamy się w tych samych co dzień wcześniej świątyniach, tym razem jednak zainteresowani mogą się dowiedzieć, co tak naprawdę oglądają, kiedy te malowidła powstały, dlaczego i jak zostały odnowione, a to bardzo ciekawa historia. Po południu na ulicach prowadzących na klasztorny dziedziniec, gdzie miały rozpocząć się ostatnie uroczystości, turystów jest zdecydowanie mniej.

Wielu z nich najpewniej wyjechało, wychodząc z założenia, iż po rytualnym pokonaniu demona nie zdarzy się już nic szczególnego, a poza tym będzie zimno. Są za to Lobowie. Tuż przed rozpoczęciem końcowych modłów pojawiły się nawet małżonki kuzynów Dzigme Songiego Palbara Bisty, dumnie krocząc w orszaku idącym za księciem z pałacu na klasztorny dziedziniec. Tari Bista, która kilka dni wcześniej w zatłoczonej kuchni Royal Mustang Hotel podawała śniadanie Francuzom, Niemce, włoskiemu małżeństwu, amerykańskim fotografom i mnie, a później każdego z nas chytrym tonem przekupki zachęcała do zakupów w swoim przydomowym sklepiku, w świątecznej odsłonie korali i turkusów prezentowała się naprawdę po królewsku.

Po zakończonych modłach i złożeniu dziękczynnych tym razem, a nie jak w dniach poprzednich przekupnych ofiar zasztyletowane dzień wcześniej „ciało" demona dla wszelkiej pewności zostało jeszcze rytualnie spalone. Następnie procesja mnichów prowadzonych przez głównego tancerza, rodzinę królewską i miejskich dostojników opuściła dziedziniec i ruszyła w kierunku olbrzymiej łąki poza murami miasta, by wśród niczym nieograniczonej przestrzeni odprawić finalny rytuał. W miejscu, gdzie jakieś dwieście lat temu wielki mistrz z Tybetu Ngorczen Kunga Zangpo zakopał ostatnią z wystrzelonych w demona strzał Dordzie Szunu, przy akompaniamencie bębnów i talerzy, wzniósł ku sprzyjającym bóstwom ostatnie już tego dnia modły w intencji wygnania złych mocy z królestwa. Ze starych muszkietów padły w ich kierunku strzały oddane przez najważniejsze osoby w mieście, a publiczność wykrzyknęła: „*Lha Gjalo!*". Niech bóg zwycięży.

Tamtego popołudnia światło było zupełnie nieprawdopodobne. Nad szarożółtymi wierzchołkami nagich gór kłębiły się nisko zawieszone, ciężkie, popielate chmury. Gdy procesja dotarła poza mury miasta, na krótką chwilę zza chmur wyszło słońce, nie świeciło jednak złotą żółcią, a jedynie chłodnymi refleksami niewidocznych promieni. Na tyle mocno, by wydłużyć cienie ustawionych w rzędach mnichów, a ich bordowym szatom nadać ostrości. Amerykańscy fotografowie doskonale wiedzieli, gdzie stanąć, by najlepiej uchwycić finał ceremonii i sportretować książęcych kuzynów oddających tradycyjne strzały. Ku zbiorowej uciesze lokalnej publiczności i fotografów strzelali kilkakrotnie, a z każdym oddanym strzałem ich twarze młodniały. Z lokalnych przedsiębiorców w średnim wieku znów na chwilę stali się dwudziestolatkami ze średniowiecznego królestwa, o których pisała amerykańska antropolog Sienna Craig w osobistej relacji z rocznego pobytu w Mustangu w czasach, gdy do Lo Manthangu prowadziły jedynie ścieżki, nie droga, a na Tidzi docierała jedynie garstka turystów.

Wielka łąka pustoszała. Amerykanie spakowali sprzęt, rodzina królewska udała się do pałacu na świąteczną kolację, Lobowie do domów. Z Luigim i jego turystami niespiesznie ruszyliśmy w stronę miasta. Chociaż to nie nasze demony zostały pokonane, wieczór aż prosił się o puentę. Mój włoski kolega głośno zaproponował to, o czym wszyscy po cichu myśleli. Żeby pójść na whisky. Kiedyś jednak w Dżharkocie skosztowałam indyjskich destylatów i dobrze wiem, że po royal stagu, tak samo jak po bagpiperze, głowa może naprawdę boleć bardzo mocno i bardzo długo.

– Nie, nie. Żadnego royal staga. Pójdziemy na szkocką.

– Na szkocką? W Lo Manthangu? – spytałam zdziwiona.

Nie rzuca się w oczy. Schodząc z przełęczy Lo La do miasta, nawet go nie zauważyłam. Dzień później, gdy w jego okolicy wypatrywałam przybywających do stolicy wystrojonych Lobów, zwrócił moją uwagę, ale pomyślałam, że to szkoła dla mnichów zbudowana przez jakichś zamożnych donatorów. Nie jest wysoki, ale proporcjonalny. Kształtem, białym kolorem elewacji, czarnymi framugami, stolarką i płaskim dachem odcinającym się od ścian taką samą brunatną linią jak pałace w Dżharkocie i Lo Manthangu przypomina jedną z królewskich rezydencji. Ma pięć gwiazdek i nazywa się Royal Mustang Resort.

Najlepszy hotel w mieście, w całym dystrykcie, a może nawet i w Nepalu, zaprojektowany przez japońskiego architekta, przywitał nas przytulnym światłem, eleganckim, ale bez przepychu urządzonym wnętrzem i ciepłą wodą w kranie (pierwszą od wielu dni) w czystych łazienkach. Z hotelowej restauracji dochodziły wspaniałe zapachy. A kto, sącząc wino w stosownych kieliszkach, siedział przy nakrytych białymi obrusami stołach? Okazało się, że sami starzy znajomi. To znaczy ci z nich, którzy postanowili nie wyjeżdżać z Lo Manthangu dzień wcześniej. Francuzi, włoskie małżeństwo, Japończycy i Chińczycy spotkani po drodze do jaskini w Ćosar, specjalni goście Bluma, na których pierwszego dnia festiwalu na klasztornym dziedzińcu czekały vipowskie krzesła. No i oczywiście amerykańscy fotografowie.

W barze na półkach rozstawiono wszystkie alkoholowe szlagiery z różnych zakątków świata. Była także nasza szkocka, którą podano w szklankach z grubym dnem. Z lodem, a to oznacza, że Royal Mustang Resort dysponuje zamrażarką, urządzeniem dotąd w Mustangu niespotykanym choćby dlatego, że elektryczny sprzęt AGD staje się bezużyteczny, jeśli prąd dociera z przerwami albo nie dociera wcale. Najwidoczniej jednak w królewskim resorcie problem ten udało się rozwiązać. W recepcji przeczytałam także, że hotel oferuje gościom pranie odzieży, co wreszcie wyjaśniło tajemnicę zawsze czystych ubrań amerykańskich fotografów i śnieżnobiałych obrusów w hotelowej restauracji. Okazało się więc, że obiekt posiada również pralkę lub nawet kilka pralek, w tym rejonie świata sprzęt równie niespotykany jak zamrażarka, o którym miejscowe gospodynie jeszcze do niedawna nawet nie słyszały. W bliskiej przyszłości cały kompleks ma być otoczony ogrodem z placem zabaw dla dzieci i ekofarmą oraz rozwinąć ofertę wellness i spa.

Budowa resortu kosztowała ponad dwa miliony dolarów i została sfinansowana przez spółkę zarządzaną przez księcia Dzigme Songiego Palbara Bistę. Opłata za dwuosobowy pokój ze śniadaniem to średnio około stu dolarów za noc, czyli dziesięciokrotnie więcej niż w lokalnych hotelikach, nawet tych prowadzonych przez pozostałych przedsiębiorczych członków rodziny królewskiej. Oczywiście nie można w nich liczyć na ciepłą wodę, a do łazienki, jeśli w ogóle jest i można nazwać ją łazienką, należy ustawiać się w kolejce. Ceny w nich rosną w sezonie wysokim, na przykład w czasie Tidzi, ale nie więcej niż o kilka dolarów. W Royal Mustang Resort natomiast zwiększają się wówczas trzykrotnie.

Szkocka smakowała wybornie. Rozliczyliśmy się w gotówce. Goście siedzący obok nas mieli jednak nie lada problem. Rachunek, który powinni uregulować za trzy dni swojego pobytu, wynosił milion pięćdziesiąt rupii nepalskich, około tysiąca dolarów. Żaden portfel i żadna kieszeń nie zmieści takiej ilości rupii, nawet w najwyższych nominałach. Spodziewali się, że Royal Mustang Resort akceptuje karty płatnicze. Akceptuje, tak jest, pod warunkiem że terminal połączy się z bankiem.

Wracaliśmy po zmroku. Czołówkami oświetlaliśmy wyboistą, pełną błotnistych kałuż, wąską uliczkę prowadzącą nas w kierunku średniowiecznego miasta. Stolica królestwa pogrążała się w pofestiwalowej nocy rodzinnych uczt i pobiesiadnych swawoli. Brytyjski „Telegraph" dał książęcej inwestycji osiem gwiazdek na dziesięć. W rubryce „Travel Destinations" napisano, że Lo Manthang to miasto jak z bajki.

To prawda. Wciąż.

Bibliografia

Publikacje książkowe

Baker Ian, *Serce świata*, przeł. Dorota Kozińska, Warszawa 2009

Conboy Kenneth, James Morrison, *The CIA's Secret War in Tibet*, Lawrence, KS 2002

Chang Jung, Jon Halliday, *Mao*, przeł. Piotr Amsterdamski, Warszawa 2007

Craig Sienna, *Horses Like Lightning. A Story of Passage Through the Himalayas*, Boston 2008

Dhungel Ramesh K., *The Kingdom of Lo (Mustang). A Historical Study*, Kathmandu 2002

Drózd Jacek, Iwona T. Drózd, *Mustang. Buddyjskie Królestwo Lo*, Warszawa 2001

Fieni Luigi, Marek Kalmus, *Przestrzeń i przemijanie. Krajobraz i sztuka tybetańskiego królestwa Mustang w Nepalu*, katalog wystawy fotografii Luigiego Fieniego, Muzeum Sztuki i Techniki Japońskiej Manggha, Kraków 2014

Halper Lezlee Brown, Stefan Halper, *Tibet. An Unfinished Story*, New York 2014

Harrer Heinrich, *Siedem lat w Tybecie*, przeł. Ewa Waldeck-Kurtyka, Poznań 2017

Jeffries Ian, *Political Developments in Contemporary China. A Guide*, New York 2011

Kalmus Marek, *Tybet. Legenda i rzeczywistość*, Kraków 2008

Kissinger Henry, *O Chinach*, przeł. Magdalena Palej, Wołowiec 2014

Matthiessen Peter, *East of Lo Monthang. In the Land of Mustang*, New Delhi 1995

Peissel Michel, *Mustang. A Lost Tibetan Kingdom*, London 1968
Prados John, *Safe for Democracy. The Secret Wars of the CIA*, Chicago 2006
Selter Elke, *Upper Mustang. Cultural Heritage of Lo Tso Dhun*, Kathmandu 2007
Sakja Pandita, *Drogocenna skarbnica wytwornych maksym*, przeł. Ireneusz Kania, Kraków 1991
Talty Stephan, *Ucieczka z krainy wiecznego śniegu*, przeł. Aleksandra Machura, Warszawa 2012
Thondup Gjalo, Anne F. Thurston, *Brat dalajlamy. Moja historia walki o Tybet*, przeł. Maciej Kositorny, Wołowiec 2016
Thubron Colin, *Cień Jedwabnego Szlaku*, przeł. Paweł Lipszyc, Wołowiec 2013
Tucci Giuseppe, *Journey to Mustang*, Kathmandu 2006

Artykuły prasowe i publikacje elektroniczne

Hagen Toni, *Afoot in Roadless Nepal*, „National Geographic", vol. 117, no. 3, marzec 1960
Heide Susanne von der, *Linking Routes from the Silk Road Through Nepal – The Ancient Passage Through Mustang and It's Importance as a Buddhist Cultural Landscape*, Archi-Cultural Translations through the Silk Road. 2nd International Conference, Mukogawa Women's University, 14–16.06.2012
Liu Melinda, *When Heaven Shed Blood*, „Newsweek", 18.08.1999, newsweek.com, bit.ly/2QnWVI5, dostęp: 28.11.2018
Murton Galen, *A Himalayan Border Trilogy. The Political Economies of Transport Infrastructure and Disaster Relief between China and Nepal*, „Cross-Currents: East Asian Culture and History Review e-Journal", no. 18, marzec 2016, cross-currents.berkeley.edu, bit.ly/2gKG2JO, dostęp: 28.11.2018
Nayak Nihar R., *Chinese PM in Nepal. A Short Visit But a Long Trail?*, Institute for Defence Studies and Analyses, 18.01.2012, idsa.in, bit.ly/2TAELFc, dostęp: 28.11.2018
Singh Bawa, *China's Strategic Foray in the Post-Monarchy Nepal. Implications for India*, „Mision Juridica" 2016, vol. 9, no. 10
Terzani Tiziano, *Mustang. Raj utracony* [w:] tegoż, *W Azji*, przeł. Joanna Wajs, Warszawa 2010

Zbiory dokumentów

Departament Spraw Zagranicznych Stanów Zjednoczonych, Foreign Relations of the United States (FRUS):

FRUS 1949, vol. 9, The Far East: China, United States Government Printing Office, Washington, DC, 1974, history.state.gov, bit.ly/2Ri6Wfx, dostęp: 4.12.2018

FRUS 1950, vol. 7, Korea, United States Government Printing Office, Washington, DC, 1976, history.state.gov, bit.ly/2TCdkuJ, dostęp: 4.12.2018

FRUS 1950–1955, The Intelligence Community 1950–1955, United States Government Printing Office, Washington, DC, 2007, history.state.gov, bit.ly/2TCdUbT, dostęp: 4.12.2018

Nepal–India Relations, mofa.gov.np, bit.ly/2LUHaIj, dostęp: 4.12.2018

Z uwagi na to, że w niniejszej książce nazwy klasztorów i miejsc kultu oddano za pomocą polskiej pisowni fonetycznej, poniżej umieszczono spis ich odpowiedników w transkrypcji angielskiej, powszechnie używanych na świecie.

transkrypcja polska	**transkrypcja angielska**
klasztor Lo Gekar	Lo Gekhar, Ghar Gompa
świątynie Muktinath (miejsce święte zarówno dla hinduistów, jak i buddystów)	Sri Muktinath
świątynia Dziokhang	Jokhang
klasztor Thubczen	Thubchen Gompa
klasztor Dziampa Lakhang	Jampa Lakhang, Jampa Gompa
klasztor w Lubrze (klasztor religii bon)	Gonphug Gompa
świątynia Bodnath	Boudhanath
klasztor Czode	Kag Chode Thupten Samphel Ling

Przypisy końcowe

1 I. Baker, *Serce świata*, przeł. D. Kozińska, Warszawa 2009, s. 54.

2 Tamże, s. 64, 65.

3 S. von der Heide, *Linking Routes from the Silk Road Through Nepal – The Ancient Passage Through Mustang and It's Importance as a Buddhist Cultural Landscape*, Archi-Cultural Translations through the Silk Road. 2nd International Conference, Mukogawa Women's University, 14–16.06.2012; R. Graffen, Ch. Seeber, *Important Trade Routes in Nepal and their Importance to the Settlement Process*, „Ancient Nepal. Journal of the Department of Archaeology", no. 130, czerwiec 1992–styczeń 1993.

4 T. Terzani, *Mustang. Raj utracony* [w:] tegoż, *W Azji*, przeł. J. Wajs, Warszawa 2010, s. 397–407.

5 M. Liu, *When Heaven Shed Blood*, „Newsweek", 18.08.1999, newsweek.com, bit.ly/2QnWVI5, dostęp: 28.11.2018.

6 FRUS 1950, vol. 7, Korea, United States Government Printing Office, Washington, DC, 1972, teczka nr 496, history.state.gov, bit.ly/2TCdkuJ, dostęp: 4.12.2018.

7 Status of Tibet. Consideration of Policy of the United States in View of Tibetan Claim of Independence and Danger to Tibet from Communist-Dominated China [w:] FRUS 1949, vol. 9, The Far East: China, United States Government Printing Office, Washington, DC, 1974, history.state.gov, bit.ly/2Ri6Wfx, dostęp: 4.12.2018.

8 G. Thondup, A.F. Thurston, *Brat dalajlamy. Moja historia walki o Tybet*, przeł. M. Kositorny, Wołowiec 2016, s. 119.

9 FRUS 1950–1955, The Intelligence Community 1950–1955, United States Government Printing Office, Washington, DC, 2007, niedatowana teczka nr 250, history.state.gov, bit.ly/2TCdUbT, dostęp: 4.12.2018.

10 Zob. J. Prados, *Safe for Democracy. The Secret Wars of the CIA*, Chicago 2006, s. 184–204.

11 Zob. G. Thondup, A. F. Thurston, *Brat dalajlamy*, dz. cyt., s. 164; L. B. Halper, S. Halper, *Tibet. An Unfinished Story*, New York 2014, s. 229.

12 S. Talty, *Ucieczka z krainy wiecznego śniegu*, przeł. A. Machura, Warszawa 2012, s. 121, 122.

13 G. Thondup, A.F. Thurston, *Brat dalajlamy*, dz. cyt., s. 38, 39.

14 Tamże, s. 196.

15 M. Peissel, *Mustang. A Lost Tibetan Kingdom*, London 1968, s. 23.

16 T. Terzani, *Mustang. Raj utracony*, dz. cyt., s. 406.

17 C. Thubron, *Cień Jedwabnego Szlaku*, przeł. P. Lipszyc, Wołowiec 2013, s. 214.

18 L. Fieni, M. Kalmus, *Przestrzeń i przemijanie. Krajobraz i sztuka tybetańskiego królestwa Mustang w Nepalu*, katalog wystawy fotografii Luigiego Fieniego, Muzeum Sztuki i Techniki Japońskiej Manggha, Kraków 2014, s. 10.

19 Sakja Pandita, Maksyma 57, rozdział 2: *O Ludziach Znakomitego Rodu* [w:] tegoż, *Drogocenna skarbnica wytwornych maksym*, przeł. I. Kania, Kraków 1991, s. 57.

20 S. Craig, *Horses Like Lightning. A Story of Passage Through the Himalayas*, Boston 2008; J. Drózd, I.T. Drózd, *Mustang. Buddyjskie Królestwo Lo*, Warszawa 2001; P. Matthiessen, *East of Lo Monthang. In the Land of Mustang*, New Delhi 1995; T. Terzani, *Mustang. Raj utracony*, dz. cyt.

Spis treści

Wydawnictwo Czarne sp. z o.o.
czarne.com.pl

Sekretariat: ul. Węgierska 25A, 38-300 Gorlice
tel. +48 18 353 58 93, fax +48 18 352 04 75
mateusz@czarne.com.pl, dominik@czarne.com.pl
ewa@czarne.com.pl edyta@czarne.com.pl

Redakcja: Wołowiec 11, 38-307 Sękowa
redakcja@czarne.com.pl

Sekretarz redakcji: malgorzata@czarne.com.pl

Dział promocji: ul. Marszałkowska 43/1, 00-648 Warszawa
tel./fax +48 22 621 10 48
agnieszka@czarne.com.pl, dorota@czarne.com.pl
zofia@czarne.com.pl, marcjanna@czarne.com.pl
magda.jobko@czarne.com.pl

Dział marketingu: lukasz.sobolewski@czarne.com.pl

Dział sprzedaży: piotr.baginski@czarne.com.pl
agnieszka.wilczak@czarne.com.pl, honorata@czarne.com.pl

Audiobooki i e-booki: tomasz@czarne.com.pl

Skład: d2d.pl
ul. Sienkiewicza 9/14, 30-033 Kraków
tel. +48 12 432 08 52, e-mail: info@d2d.pl

Druk i oprawa: Drukarnia POZKAL
ul. Cegielna 10/12, 88-100 Inowrocław, tel. +48 52 354 27 00

Wołowiec 2019
Wydanie I
Ark. wyd. 8,2; ark. druk. 13,5